KOCHEN OHNE TIERE

vegan genießen

IMPRESSUM

Unser Verlagsprogramm finden Sie unter www.christian-verlag.de

Produktmanagement: Florentine Schwabbauer und Annika Genning
Textredaktion: Monika Judä
Korrektur: Sabine Thorn
Layout, Illustrationen und Satz: Jumi Jami Illustration (Katharina Bretsch)
Umschlaggestaltung: Jumi Jami Illustration (Katharina Bretsch)

Text und Rezepte: Katharina Bretsch
Fotografie und Foodstyling: Katharina Bretsch
Herstellung: Bettina Schippel
Repro: Repro Ludwig, Zell am See

Druck und Bindung: Gesamtherstellung Verlagshaus GeraNova Bruckmann GmbH

Die Deutsche Nationalbibliothek verzeichnet diese Publikation in der Deutschen Nationalbibliografie; detaillierte bibliografische Daten sind im Internet über http://dnb.d-nb.de abrufbar.

1. Auflage 2012

ISBN 978-3-86244-180-8

Jumi Jami Illustration
www.jumi-jami.de
info@jumi-jami.de

Christian Verlag
Postfach 400209
80702 München
E-Mail: lektorat@verlagshaus.de

CHRISTIAN

VORWORT

In der veganen Ernährung wird auf alle tierischen Erzeugnisse verzichtet, aus politischen und ethischen Gründen. Diese zeigen sich nicht nur in der Ablehnung von Massentierhaltung, der Stärkung der Tierrechte im Allgemeinen oder dem Umweltschutz, sondern auch bis hin zur gerechten Verteilung von Gütern und Nahrungsmitteln weltweit. Deshalb werden alternative Produkte aus Reis, Soja oder Gluten für Milch, Käse, Eier und Fleisch eingesetzt. Dieses Kochbuch verzichtet bewusst auf eine ausführliche Erläuterung der veganen Lebensweise, da hier das Hauptaugenmerk auf dem Genuss und der Freude an guter Küche liegt. Allein die Tatsache, dass dieses Buch entstanden ist, darf als politisches Statement gewertet werden.

Sich in der heutigen Zeit der Frage zu stellen, woher das, was auf meinem Teller liegt, kommt, und wie es hergestellt wurde, kann teilweise unangenehme Antworten hervorbringen. Doch genau aus diesem Grund ist die Auseinandersetzung mit den Themen Genuss und Ernährung essenziell. Fernab von dogmatischen Ernährungsregeln soll die Vielzahl an unterschiedlichsten Rezepten zeigen, wie facettenreich und kulinarisch vielfältig der Speiseplan ohne jegliches Tierprodukt sein kann.

Mit Liebe gekocht und mit Leidenschaft gezeichnet. So spiegelt sich die Wertschätzung der verwendeten Lebensmittel in den illustrativen Bildwelten wider, die informative und skurrile Geschichten um die einzelnen Speisen oder Zutaten spinnen. Jede Zeichnung erzählt eine überraschende oder spannende Anekdote zum Gericht oder dessen einzelnen Bestandteilen. Auf den ersten Blick mal mehr mal weniger leicht zu entschlüsseln. Daher werden die genauen Illustrationsinhalte auf den Rezeptseiten letztlich gelüftet und können im Einzelnen nachgelesen werden.

Ein hilfreicher Hinweis vor dem Kochvergnügen soll noch gegeben werden. Die Zutaten sind immer auf eine Menge für vier Personen abgestimmt oder beinhalten einen Vermerk zu einer abweichenden Portionsanzahl. Zudem wurde gänzlich auf die Angabe der Zubereitungsdauer verzichtet, da keine abgedruckte Zahl, sondern die individuelle Geschwindigkeit den Takt vorgeben soll.

Satt, satt, satt und hungrig sollt ihr sein!
Hungrig auf mehr ... dann ist die Katze glücklich.
Mieez, mieez, miau!

Jetzt

ehtslos

XXL

YEAH

SUP

PEN

Zuppa
Soup
Soppa

soupe
sopa

Mülleimer

Topf

Denken statt wegwerfen

er ZU!

auf...

Denken statt wegwerfen

DEFTIGE BROTSUPPE

Jeden Tag werden unbedarft Tonnen von Lebensmitteln in die Mülleimer der Haushalte geworfen. Viele der Produkte wären leicht weiterzuverwenden. Man braucht nur einen Blick auf Gerichte aus Zeiten mit eingeschränktem Lebensmittelsortiment zu werfen. Dort entdeckt man einfache und schmackhafte Speisen, die Altes weiterverwerten oder generell mit sehr wenigen Zutaten auskommen.

ZUTATEN

- **4 Scheiben Bauernbrot**
- **600 g rote Zwiebeln**
- **3 Knoblauchzehen**
- **1 l Wasser**
- **1 TL Instant-Gemüsebrühe**
- **1/2 TL geräuchertes Paprikapulver**
- **1/2 TL edelsüßes Paprikapulver**
- **Salz**
- **frisch gemahlener Pfeffer**
- **Öl**

1 Zwiebeln und Knoblauch schälen. Zwei Zwiebeln und eine Knoblauchzehe vorerst zur Seite legen.

2 Die restlichen Zwiebeln in Ringe schneiden und die Knoblauchzehen fein hacken, beides in Öl bei geringer Hitze glasig anbraten. Mit dem Wasser ablöschen, die Instant-Gemüsebrühe und das geräucherte Paprikapulver einrühren. Mindestens 30 min bei geringer Hitze im geschlossenen Topf ziehen lassen, bis die Zwiebeln die Farbe an die Suppe abgegeben haben.

3 Die Brotscheiben mit Öl bestreichen, mit der übrigen Knoblauchzehe beidseitig abreiben, leicht salzen und mit dem Paprikapulver bestreuen. Unter dem Grill von beiden Seiten bräunen, dann in mundgerechte Stücke zerteilen.

4 Die Suppe nun noch mit Salz und Pfeffer abschmecken. Die beiseite gelegten Zwiebeln in Ringe schneiden und in Öl anbraten, bis sie leicht bräunen.

5 Zum Schluss die Suppe in vier Teller schöpfen, das Brot hineingeben und die Zwiebeln darüberstreuen.

BULGUR
PARBOILED
DURUM

GRÜTZE
YEAH
NY

GRIESSKLÖSSCHENSUPPE

Grieß, Grütze und Bulgur unterscheiden sich nur durch kleine Merkmale. Grieß ist das kleinste gemahlene Weizenkorn in der Reihe, Grütze ist dagegen wesentlich gröber. Bulgur hingegen gibt es in verschiedenen Größen und wird mittels Parboiling-Verfahren hergestellt. In der Abbildung lässt sich das auch klar erkennen. Der Grieß – die kleinsten Kerle, an Papas Hand oder in der Suppe schwimmend. Die Grütze – die etwas größeren Jungs, die keine Badekappen mehr tragen müssen. Der Bulgur – das Teenager-Mädchen, das durch die spezielle Schönheitsbehandlung verändert wird.

GEMÜSEBRÜHE

- 4 Zwiebeln
- 3 Knoblauchzehen
- 2 Bund Suppengrün
- 1 grüne Paprikaschote
- 1 Stange Lauch
- 3 Tomaten
- 4 Stangen Sellerie
- 150 g Brokkoli
- 2 l Wasser
- 6 Nelken
- 3 Pimentkörner
- 3 Lorbeerblätter
- 2 Zweige Estragon
- 1/2 Bund Liebstöckel
- 1/2 Bund Petersilie
- Salz
- frisch gemahlener Pfeffer
- Öl

GRIESSKLÖSCHEN

- 160 g Grieß
- 250 ml Sojamilch
- 20 g rein pflanzliche Margarine
- 4 EL Sojamehl
- 2 TL Stärke
- 1/2 Bund Petersilie
- 1 1/2 TL Salz
- frisch gemahlener Pfeffer
- frisch geriebene Muskatnuss

1 Zwei Zwiebeln halbieren und ungeschält auf der Schnittkante in etwas Öl braun anrösten.

2 Die übrigen Zwiebeln und den Knoblauch schälen, grob hacken, auch in den Topf geben und bei geringer Hitze mit etwas Öl glasig anbraten. Die Karotten und den Sellerie aus dem Suppengrün schälen und mit dem restlichen Gemüse in grobe Stücke schneiden. Im Topf mitbraten, mit Wasser aufgießen und die Gewürze und Kräuter zugeben.

3 1 Stunde offen bei mittlerer Hitze kochen lassen. Dann mit einem Deckel verschließen und nochmals 30 min ohne Hitze ziehen lassen. Die Gemüsebrühe anschließend durch ein Sieb abseihen.

4 Für die Grießklößchen die Sojamilch erhitzen und die Margarine dazugeben. Grieß, Sojamehl, Stärke und Salz einrühren, kurz kochen, bis sich der Teig vom Topf löst, dann vom Herd nehmen. Etwa 20 min quellen lassen, dann zwei Drittel der Petersilie hacken und dazugeben. Mit Pfeffer und Muskatnuss abschmecken.

5 Mit feuchten Händen kleine Klößchen formen.

6 Die Gemüsebrühe im Topf erhitzen, bis sie ganz leicht sprudelt, dann die Grießklößchen hineingeben und 15 min gar ziehen lassen. Die Grießklößchensuppe auf Teller verteilen. Kurz vor dem Servieren die restliche Petersilie grob hacken und darüberstreuen.

SCHARFE MIE-NUDEL-SUPPE

Lange wähnten sich die Italiener als die Erfinder der Ur-Nudel. Studien ergaben jedoch, dass die Chinesen diese schon viel früher aus gemahlener Hirse herstellten. Dieser traditionelle Prozess der Nudelherstellung ist auf dem Gewand des alten Chinesen zu entdecken. Auf seinen Ärmeln findet man auf der einen Seite den glücklichen Erfinder und auf der anderen Seite einen trauernden Italiener. Die Nudelschrift „4000 Jahre zuvor" deutet zudem auf den Zeitpunkt der Entdeckung der Hirsenudeln hin.

ZUTATEN

- 250 g Mie-Nudeln
- 100 g Zuckerschoten
- 2 Karotten
- 5 große Champignons
- 1/2 Bund Lauchzwiebeln
- 2 Knoblauchzehen
- 1 Stück Ingwer (etwa 2 cm)
- 2 Chilischoten
- 1 EL Sesamöl
- 1 l leichte Gemüsebrühe
- 1 EL Sojasauce
- 2 EL Zitronensaft
- 1 EL Reisessig
- 1 TL Zucker
- 1 EL Reiswein
- Salz

1 Die Mie-Nudeln entsprechend der Packungsangabe in Salzwasser vorgaren und abtropfen lassen.

2 Die Zuckerschoten halbieren und in gesalzenem Wasser 10 min garen. Gut in Eiswasser abschrecken.

3 Die Knoblauchzehen und den Ingwer schälen und zusammen mit den Chilischoten fein hacken. Im Sesamöl anbraten und mit der Gemüsebrühe ablöschen.

4 Anschließend die Sojasauce, Zitronensaft, Reisessig, Zucker und den Reiswein in den Topf geben.

5 Die Karotten schälen und schräg in etwa 0,5 cm dicke Scheiben schneiden. Die Champignons vierteln. Beides mit den Zuckerschoten zur Suppe geben.

6 Bei geringer Hitze kochen, bis das Gemüse bissfest ist. Anschließend die Mie-Nudeln hinzufügen und kurz ziehen lassen. Mit Salz abschmecken.

7 Die Lauchzwiebeln in feine Ringe schneiden. Die Suppe auf vier Schüsseln verteilen und jeweils großzügig mit Zwiebelringen bestreuen, dann servieren.

HALBKLARE TOMATENSUPPE

Man soll die Stielansätze von Tomaten und am besten auch alle grünen Stellen herausschneiden. Doch warum? Diese unreifen Teile enthalten einen giftigen Stoff, das Solanin. 25 mg können schon Unwohlsein verursachen, tödlich wird es aber erst ab 400 mg. Jedoch ist die Konzentration in reifen Tomaten so gering, dass man schon ein bis drei Kilo Tomaten auf einmal essen müsste, um eine toxische Wirkung zu erzielen. Vorsorglich kann also der Stielansatz entfernt, aber genauso gut mitverzehrt werden.

ZUTATEN

- **4 große Fleischtomaten**
- **Tomaten aus der Dose (2,5 kg)**
- **3 Zwiebeln**
- **3 Knoblauchzehen**
- **1 l Wasser**
- **Salz**
- **frisch gemahlener Pfeffer**
- **Olivenöl**

1 Am Vorabend den Backofen auf 250 °C vorheizen. Die Fleischtomaten in 0,5 cm dicke Scheiben schneiden und auf ein mit Backpapier ausgelegtes Backblech legen. Mit etwas Olivenöl beträufeln und leicht salzen. Das Blech in den Ofen schieben und diesen gleich danach ausschalten. Er sollte nicht mehr geöffnet werden, sonst trocknen die Tomatenscheiben über Nacht nicht.

2 Zwiebeln und Knoblauch schälen, fein hacken und in etwas Öl glasig anbraten. Die Dosentomaten und das Wasser dazugeben. 1 Stunde ohne Deckel bei mittlerer Hitze kochen und anschließend abkühlen lassen.

3 Die Suppe durch ein Sieb passieren. Das Tomatenpüree kann für spätere Verwendung eingefroren werden, z.B. für Saucen. Die Tomatenessenz mindestens vier Mal durch ein mit Küchenpapier ausgelegtes Sieb abtropfen lassen.

4 Den Sud aufkochen, mit Salz und Pfeffer abschmecken und in die Teller geben. Die Tomatenscheiben aus dem Ofen nehmen, auf die Teller verteilen und dann servieren.

BÄH
TOP
BÄH
BÄH
TOP
BÄH
STINKT NICHT
=
KEINE ENZYME
ZUR
METABOLISIERUNG

TOP
BÄH
TOP
TOP

KLARE SPARGELSUPPE MIT KERBEL

Etwa die Hälfte der Menschen hinterlässt auf der Toilette eindeutige Duftspuren nach dem Spargelverzehr. Der Grund hierfür ist ein Enzym, das beim Verstoffwechseln des Spargels Abbaustoffe produziert, die den typischen Spargelgeruch im Urin verursachen. Menschen, denen dieses Enzym fehlt, verdauen das Gemüse völlig geruchsneutral.

ZUTATEN

- 450 g weißer Spargel
- 150 g grüner Spargel
- 1 Schalotte
- 1 Knoblauchzehe
- 1 l leichte Gemüsebrühe
- 1 Prise Zucker
- Zitronensaft
- 1/2 Bund Kerbel
- Salz
- frisch gemahlener Pfeffer
- Öl

1 Die Schalotte und den Knoblauch schälen, fein hacken und in einem Topf in etwas Öl glasig dünsten.

2 Den weißen Spargel schälen. Die Schalen zu der Schalotte und dem Knoblauch geben, mit Gemüsebrühe ablöschen. Den Zucker und etwas Zitronensaft dazugeben.

3 Die Spitzen von 150 g weißem Spargel großzügig abtrennen und mit Küchengarn bündeln, dann beiseite legen. Die verbleibenden Spargelstangen in kleine Stücke schneiden und in den Topf geben.

4 Der unterschiedlichen Garzeiten wegen den restlichen Spargel nach Farbe bündeln und mit den Spargelspitzen in der Gemüsebrühe kochen, bis die einzelnen Bündel bissfest sind. Gut mit eiskaltem Wasser abschrecken.

5 Die Spargelsuppe nun 20 min ziehen lassen, durch ein Sieb abseihen und mit Salz und Pfeffer abschmecken.

6 Die Spargelstangen schräg in mundgerechte Stücke schneiden und zurück in den Topf geben. Die Suppe einige Minuten erhitzen, den grob gehackten Kerbel großzügig einstreuen und anschließend auf die Teller verteilen.

GÖTTER
FRUCHT

MANGO-KAROTTEN-SUPPE MIT KOKOSMILCH

In indischen Legenden wird die Mango oft als Götterfrucht verehrt. Darauf verweist die abgewandelte Göttin Kali und verdeutlicht gleichzeitig, welche weitere Hauptzutat, nämlich die Karotte, in der Kokossuppe enthalten ist.

ZUTATEN

- **500 g Karotten**
- **1 Mango**
- **2 Knoblauchzehen**
- **1 Stück Ingwer (etwa 2 cm)**
- **300 ml Gemüsebrühe**
- **300 ml Wasser**
- **400 ml Kokosmilch**
- **4 Limettenblätter**
- **1 EL Limettensaft**
- **Salz**
- **Öl**

1 Die Karotten schälen und in etwa 1 cm dicke Scheiben schneiden. Die Mango schälen und das Fleisch vom Stein lösen, anschließend grob in Stücke zerteilen.

2 Knoblauch und Ingwer schälen, fein hacken und in etwas Öl anbraten. Die Karottenscheiben und die Mangowürfel ebenfalls in den Topf geben. Kurz mitbraten und mit der Gemüsebrühe ablöschen. Das Wasser, die Kokosmilch und die ungeschnittenen Limettenblätter dazugeben.

3 Die Suppe 15 min kochen, bis die Karotten bissfest sind.

4 Anschließend die Limettenblätter wieder aus dem Topf herausnehmen und alles sehr fein pürieren.

5 Mit Limettensaft sowie Salz abschmecken und servieren.

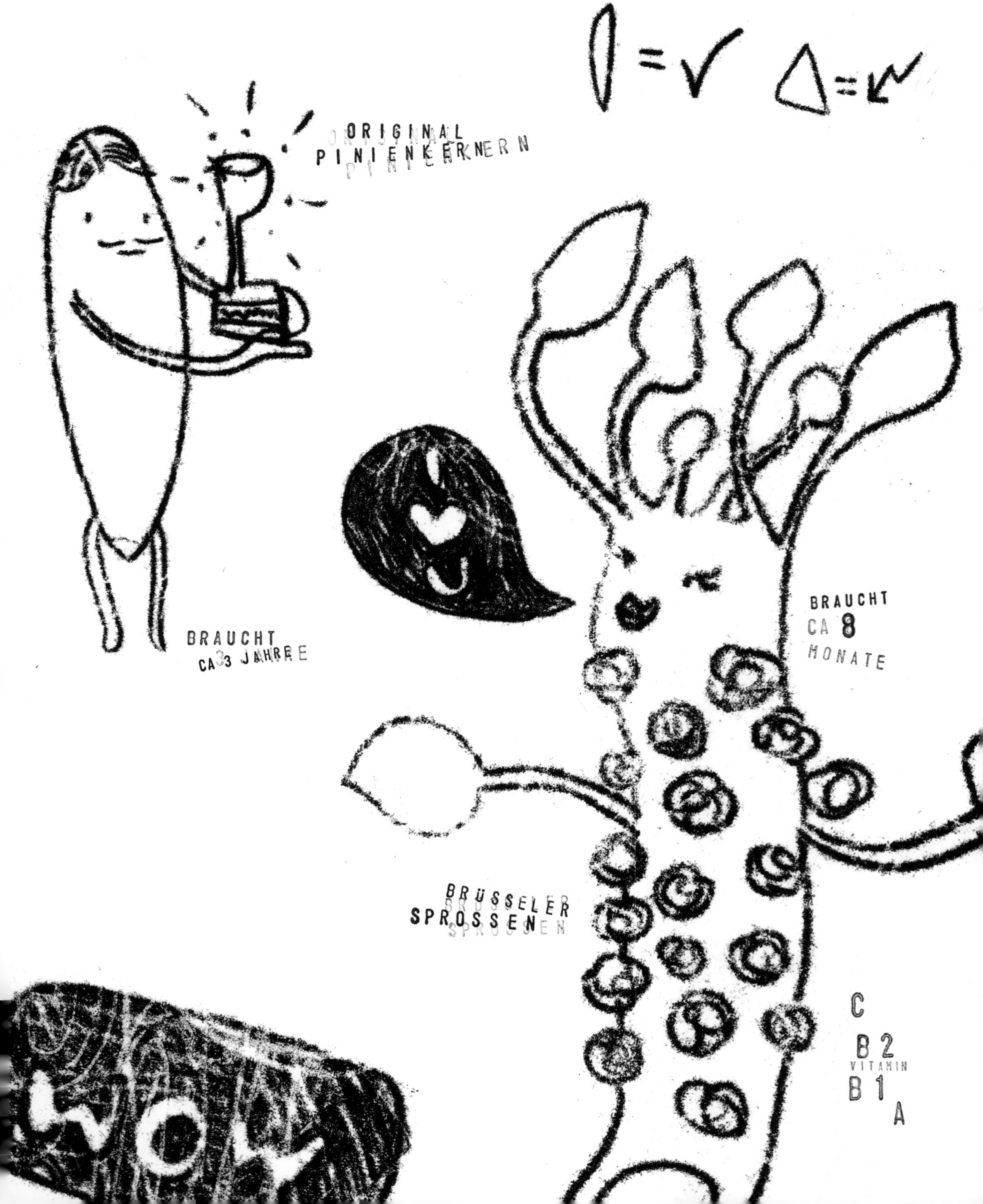
ORIGINAL
PINIENKERNEN
BRAUCHT
CA 3 JAHRE
BRAUCHT
CA 8
MONATE
BRÜSSELER
SPROSSEN
C
B2
VITAMIN
B1
A

ASIATISCHER
PINIENKERN
GEFAHR
GESCHMACKS
RAUB
DANGER

ROSENKOHL-PINIENKERN-SUPPE

Pinienkerne aus Asien werden in letzter Zeit verdächtigt, die Geschmacksnerven einige Tage irritieren zu können. Betroffene haben tagelang einen alles andere überdeckenden, bitteren Geschmack im Mund. Festgestellt wurde dies bei der koreanischen Pinie aus China und Pakistan. Experten vermuten, dass dieser bittere Fehlgeschmack auf einen natürlichen Inhaltsstoff der Kerne zurückzuführen ist und es sich nicht um Rückstände von Pflanzenschutzmitteln oder Ähnlichem handelt.

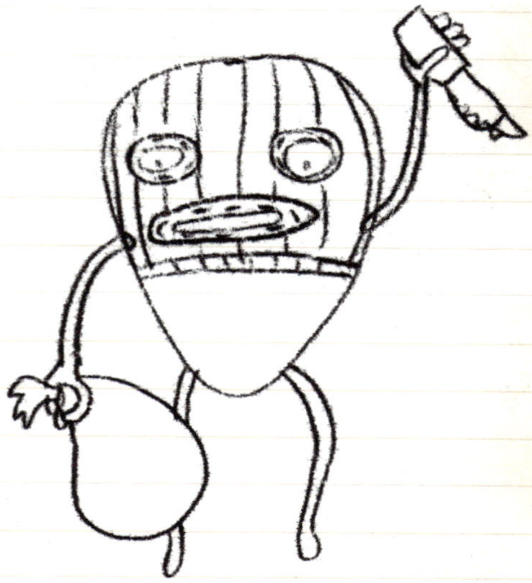

ZUTATEN

- 400 g Rosenkohl (tiefgekühlt)
- 1 Zwiebel
- 1 Knoblauchzehe
- 800 ml Gemüsebrühe
- 25 g Pinienkerne
- 100 ml Sojasahne
- 1/2 TL Zitronensaft
- Salz
- frisch gemahlener Pfeffer
- frisch geriebene Muskatnuss
- Öl

1 Die Zwiebel und die Knoblauchzehe schälen, hacken und in etwas Öl glasig anbraten. Den gefrorenen Rosenkohl dazugeben und mit Gemüsebrühe ablöschen. Bei mittlerer Hitze etwa 15 min garen, bis der Rosenkohl gabelzart ist.

2 Währenddessen die Pinienkerne ohne Zugabe von Fett in einer Pfanne anrösten. Einige Kerne beiseite legen und zum Schluss über die Suppe geben. Die übrigen Kerne zum Rosenkohl in den Topf geben und alles fein pürieren.

3 Die Sojasahne unterziehen und mit Zitronensaft, Salz, Pfeffer und Muskatnuss abschmecken.

4 Die Suppe in die Teller schöpfen und direkt vor dem Servieren einige Pinienkerne darüberstreuen.

RETTICH-SCHAUMSÜPPCHEN

Rettich wird eine positive Wirkung auf den Magen und den Darm zugeschrieben. Die enthaltenen Senföle wirken Bakterien und Pilzen in der Magen- und Darmschleimhaut entgegen. Zudem regt Rettich die Produktion der Galle an.

ZUTATEN

- **600 g Rettich**
- **2 Zwiebeln**
- **2 Knoblauchzehen**
- **600 ml Gemüsebrühe**
- **250 ml Sojasahne**
- **Salz**
- **frisch gemahlener Pfeffer**
- **Öl**

1 Die Zwiebeln und die Knoblauchzehen schälen, hacken und in etwas Öl glasig anbraten. Den Rettich schälen und grob in Würfel schneiden, ebenfalls in den Topf geben.

2 Bei geringer Hitze garen, bis der Rettich weich gekocht ist. Anschließend die Gemüsebrühe und 200 ml Sojasahne zufügen, einige Minuten sehr fein pürieren.

3 Zum Schluss das Rettichsüppchen mit Salz und Pfeffer abschmecken.

4 Vor dem Servieren mit dem Pürierstab nochmals kräftig aufschäumen. Die Suppe in die Teller füllen. Die restliche Sojasahne in die Mitte geben und mit einem Zahnstocher spiralförmig nach außen ziehen.

There's rosemary,

that's for remembrance;
pray, love, remember.

SCHWARZWURZELSUPPE MIT ROSMARIN

remembrance,

Rosmarin galt lange Zeit als Liebessinnbild. Traditionell trugen Bräute im Mittelalter über ihrem Schleier einen Rosmarinkranz. Das englische Zitat aus Shakespeares Hamlet unterstreicht die Bedeutung des Rosmarins als Bild für Glück und Liebe.

Pray, Love, Remember.

ZUTATEN

- 500 g Schwarzwurzeln
- 500 ml Wasser
- Saft von 1 Zitrone
- 1 Zwiebel
- 1 Knoblauchzehe
- 1 TL Mehl
- 800 ml Gemüsebrühe
- 1 Zweig Rosmarin
- 125 ml Sojasahne
- Salz
- frisch gemahlener Pfeffer
- frisch geriebene Muskatnuss
- Öl
- 1 Paar Einweghandschuhe

1 Eine Schüssel mit dem Wasser füllen und den Zitronensaft dazugeben. Die Schwarzwurzeln schälen (dabei unbedingt Einweghandschuhe tragen), in grobe Stücke schneiden und sofort in das Zitronenwasser legen.

2 Die Zwiebel und den Knoblauch schälen, hacken und in etwas Öl glasig anbraten. Die Schwarzwurzeln dazugeben. Mit dem Mehl bestauben, kurz anrösten und anschließend mit der Gemüsebrühe ablöschen.

3 Die abgestreiften Rosmarinblätter hinzufügen und etwa 20 min bei geringer Hitze garen, bis das Gemüse weich gekocht ist.

4 Die Sojasahne zugeben und alles einige Minuten sehr fein pürieren, bis keine Stücke der Rosmarinblätter mehr spürbar sind. Anschließend mit Salz, Pfeffer und Muskatnuss abschmecken. Die Suppe kurz vor dem Servieren nochmals gut aufschäumen.

There's Rosemary.

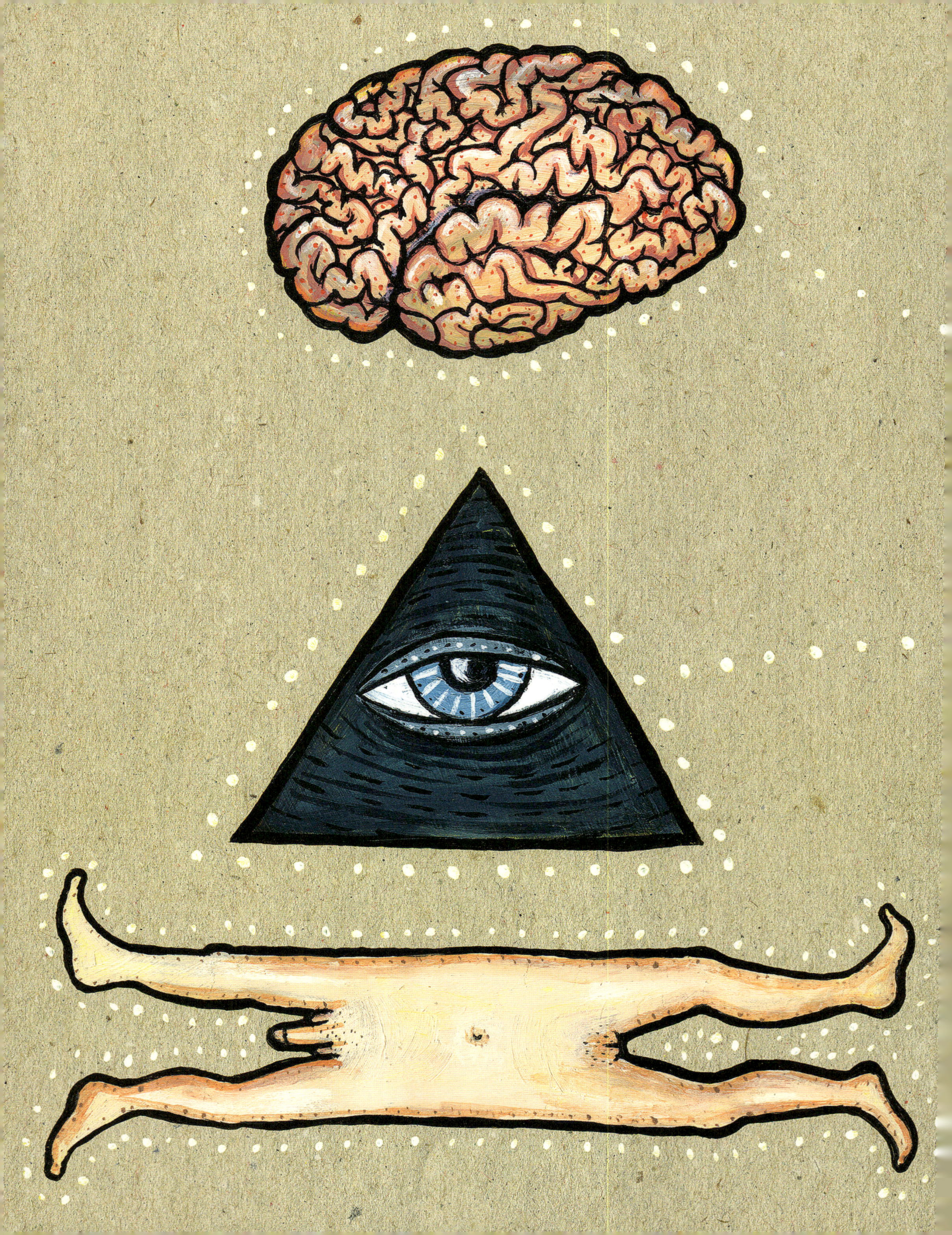

THAILÄNDISCHE TOM-KHA

Der Deutsche August Engelhardt gründete 1902 eine Religion namens Kokovorismus. Er ging davon aus, dass der ständige Verzehr von Kokosnüssen den Menschen in einen gottähnlichen Zustand der Unsterblichkeit versetze. Zu seiner Überzeugung gehörte auch der Nudismus und die Ansicht, dass das edelste Organ des menschlichen Körpers das Gehirn sei, da es sich, wie die Kokosnuss, der Sonne am nächsten befinde.

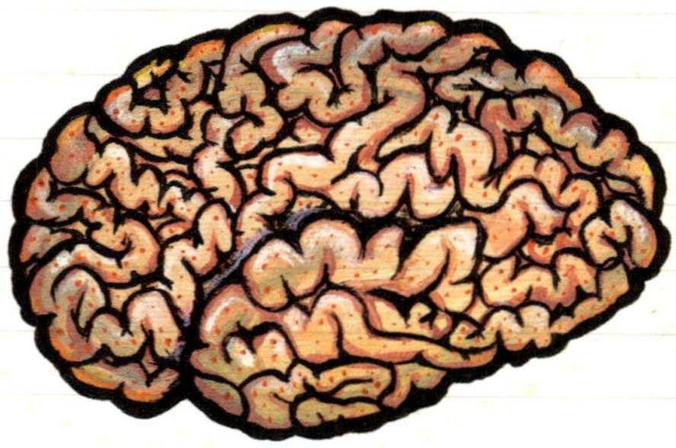

ZUTATEN

- 1 Stück Galgant (etwa 2 cm)
- 1 Stück Ingwer (etwa 2 cm)
- 4 Chilischoten
- 800 ml Kokosmilch
- 200 ml Wasser
- 3 Stangen Zitronengras
- 6 Limettenblätter
- 1 EL Zucker
- 2 TL Sojasauce
- 100 g Champignons
- 1 große Karotte
- 50 g Zuckerschoten
- 1 EL Limettensaft
- 100 g Tempeh
- 3 EL Erdnussöl
- Salz
- Öl
- 4 Holzspieße

1 Den Galgant und den Ingwer schälen und mit den Chilischoten fein hacken, alles in etwas Öl anrösten. Anschließend mit der Kokosmilch und dem Wasser ablöschen.

2 Das Zitronengras fest andrücken und mit den Limettenblättern in den Topf geben. Zucker und Sojasauce zufügen und 10 min bei mittlerer Hitze kochen.

3 Die Champignons halbieren, die Karotte schräg in 1 cm dicke Scheiben schneiden, die Zuckerschoten schräg halbieren und alles ebenfalls in den Topf geben.

4 Das Gemüse in der Kokossuppe bissfest garen. Anschließend mit Limettensaft und Salz abschmecken und ohne Hitze ziehen lassen.

5 Das Tempehstück in schmale quadratische Stücke schneiden und diese im Erdnussöl von beiden Seiten scharf anbraten, auf Küchenpapier legen, beidseitig salzen und vorsichtig auf insgesamt vier Holzspieße stecken.

6 Die Suppe in die Teller geben und jeweils einen Spieß quer darüberlegen, sofort servieren.

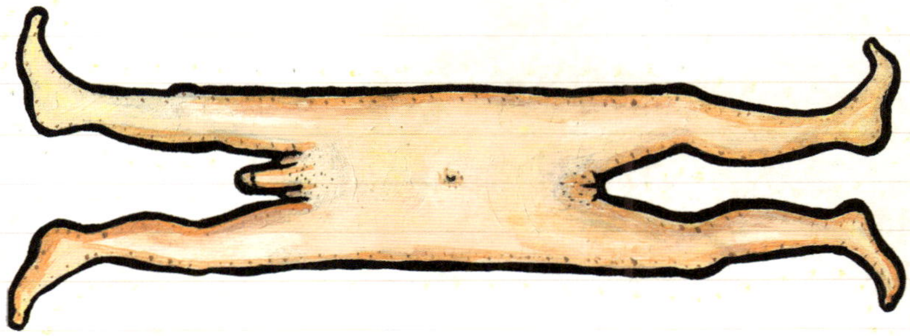

SESAM ÖFFNE DICH
PLOPP

SÜSSKARTOFFELSUPPE MIT SESAM

Den Ausruf „Sesam öffne dich!" kennt fast jeder aus dem Märchen Ali Baba und die 40 Räuber. Jedoch ranken sich verschiedene Erklärungen darum, weshalb es ausgerechnet Sesam sein soll, der sich öffnet. Zum einen war die Ernte schwierig, da sich die Samenkapseln nur in einem bestimmten Zeitraum öffneten, und war der Bauer dann nicht zur Stelle, war die ganze Saat auf den Boden gefallen und verloren. Auch angenommen wird, dass es eine sexuelle Anspielung ist, wie sie in vielen orientalischen Märchen versteckt vorkommt. Oder eben, dass Sesam eine sehr wichtige Handelsware war und so der Verweis zum begehrten Schatz über diesen wertvollen Samen hergestellt wurde.

ZUTATEN

- 700 g Süßkartoffeln
- 2 Schalotten
- 1 Knoblauchzehe
- 3 EL Sesamsamen
- 2 TL Sesamöl
- 700 ml Gemüsebrühe
- 250 ml Sojasahne
- 1 TL Zitronensaft
- Salz
- frisch gemahlener Pfeffer
- frisch geriebene Muskatnuss
- Öl

1 Die Süßkartoffeln schälen und in Würfel schneiden. Die Schalotten und die Knoblauchzehe schälen, fein hacken und in etwas Öl glasig anbraten. Das Sesamöl am Ende dazugeben.
2 Die Süßkartoffeln zufügen und mit der Gemüsebrühe ablöschen. Anschließend 10–15 min kochen, bis die Süßkartoffeln weich gegart sind. Alles fein pürieren, mit der Sojasahne aufgießen und den Zitronensaft zufügen.
3 Die Sesamsamen in einer Pfanne ohne Fett vorsichtig goldbraun rösten, da sie schnell anbrennen und dann bitter werden. 2 EL zur Suppe geben und nochmals fein pürieren, sodass keine Sesamkörnchen mehr zu spüren sind.
4 Anschließend die Suppe mit Salz, Pfeffer und Muskatnuss abschmecken. In Teller geben und mit dem restlichen gerösteten Sesam bestreuen.

FABOIDEAE

LAMIACEAE

ERBSENSUPPE MIT FRISCHER MINZE

Was haben Erbsen und Minze mit dicklippigen Franzosen und brilletragenden Raupenmädchen gemeinsam? Sie sind verwandt und gehören so zur gleichen Familie. Denn die Minze wird zu den Gewächsen der Lippenblütler „Lamiaceae" gezählt und die Erbse wird der Unterfamilie der Schmetterlingsblütler „Faboideae" zugerechnet.

ZUTATEN

- 450 g Erbsen (tiefgekühlt)
- 2 Zwiebeln
- 750 ml Gemüsebrühe
- 250 ml Sojasahne
- 1 EL Zitronensaft
- 20 g Minzeblätter
- Salz
- frisch gemahlener Pfeffer
- Öl

1 Die Zwiebeln schälen, hacken und in Öl glasig anbraten.

2 Die gefrorenen Erbsen dazugeben und mit der Gemüsebrühe ablöschen. 15 min bei geringer Hitze garen.

3 Sojasahne und Zitronensaft dazugeben. Anschließend die grob gehackten Minzeblätter untermischen und alles sehr fein pürieren. 5 min weiterkochen und mit Salz und Pfeffer abschmecken.

4 Die Erbsensuppe sollte mindestens 30 min ohne Hitzezufuhr ziehen. Vor dem Servieren nochmals kurz erwärmen und in die Teller schöpfen.

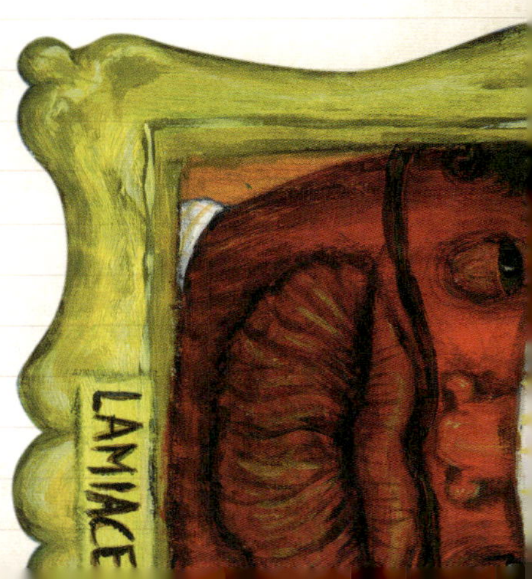

SAL

ATE

ada
insalata
salade
ttuce
allad

Cholesterin senkend
Raffinose
Anti-Bläh
und mach
magere wieder
hungrig
Keine
N
Kern
eine

eisen
zink
uähh
Ich MACH Gas
Thanks to 3-fach zucker
s
übelst kompliziert
Scheinfrucht
Giftig
muss erst geröstet werden

RÖSTSALAT VON ARTISCHOCKEN UND KICHERERBSEN

Artischocken, Kichererbsen und Cashewkerne. Typische Eigenschaften und hilfreiche Zusatzinformationen sind in der Abbildung zusammengefasst, wie die Tatsache, dass Cashewkerne nur einzeln in einer Scheinfrucht heranreifen und prinzipiell Giftstoffe enthalten, die erst durch das Rösten beseitigt werden.

ZUTATEN

- 3 Dosen Artischockenherzen (à 400 g)
- 3 Dosen Kichererbsen (à 400 g)
- 150 g Cashewkerne
- 1 Knoblauchzehe
- 1 Zitrone
- 1/4 TL abgeriebene Zitronenschale
- 8 EL Olivenöl
- 1 1/2 TL Salz
- frisch gemahlener Pfeffer

1 Die Knoblauchzehe schälen und fein hacken.

2 Den Backofen auf 250 °C vorheizen.

3 Die Zitrone auspressen. Den Saft mit der Zitronenschale, 4 EL Olivenöl, Salz und Pfeffer zu einem Dressing verrühren.

4 Die Artischocken abgießen, gut abtropfen lassen und halbieren. In einer Schüssel mit 2 EL Olivenöl und dem Knoblauch mischen, etwas salzen. Auf einem mit Backpapier ausgelegten Backblech verteilen und unter dem Grill rösten, bis die Artischocken braune Stellen bekommen. Anschließend in eine Schüssel geben und beiseite stellen.

5 Die Kichererbsen ebenfalls abtropfen lassen, mit dem restlichen Olivenöl vermischen und im Ofen unter dem Grill bräunen, bis sie wie Popcorn leicht aufzuplatzen beginnen.

6 Die Cashewkerne in einer Pfanne ohne Fett anrösten.

7 Die Kichererbsen mit den Cashewkernen zu den Artischocken geben und mit dem Dressing vermengen. Einige Minuten ziehen lassen. Nochmals mit Salz und Pfeffer abschmecken, lauwarm servieren.

AGNOLO 1572
BRONZINO

ITALIENISCHER BROTSALAT

In einem Gedicht des toskanischen Malers Agnolo Bronzino (1503–1572), entstanden in der Mitte des 16. Jahrhunderts, findet sich die erste Niederschrift eines detaillierten Rezeptes für Brotsalat.

ZUTATEN

- **600 g Ciabatta**
- **2 Knoblauchzehen**
- **500 g Kirschtomaten**
- **2 rote Zwiebeln**
- **4 EL schwarze Oliven, entsteint**
- **40 g Pinienkerne**
- **2 Zitronen**
- **4 EL Wasser**
- **1 Bund Basilikum**
- **Salz**
- **frisch gemahlener Pfeffer**
- **Olivenöl**

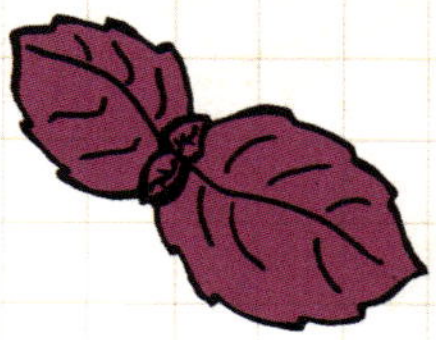

1 Den Backofen auf 200 °C vorheizen.

2 Das Ciabatta in mundgerechte Würfel schneiden und auf ein mit Backpapier ausgelegtes Backblech geben. Den Knoblauch schälen, fein hacken, darüberstreuen und alles mit etwas Öl beträufeln. 10–15 min im Backofen rösten und anschließend 5 min unter dem Grill golden bräunen.

3 Die Kirschtomaten halbieren. Die Zwiebeln schälen. Zwiebeln und Oliven in feine Ringe schneiden. Die Pinienkerne in einer Pfanne ohne Fett leicht anrösten.

4 Eine Zitrone auspressen. Den Saft mit je 4 EL Öl und Wasser mischen. Mit Salz und Pfeffer würzen.

5 Die Brotwürfel mit den Tomaten, Zwiebeln, Oliven und Pinienkernen in eine Schüssel geben. Die Basilikumblätter grob hacken und darüberstreuen. Das Dressing zufügen. Alle Zutaten gut mischen. Den Salat mindestens 10 min ziehen lassen, damit das Brot wieder etwas weicher wird. Kurz vor dem Servieren mit Salz, Pfeffer und dem Saft der zweiten Zitrone abschmecken.

„hihi"
„Mhm Biotin!"
kicher
„...köstlich vielseitig"
du bist so...
Die vielleicht beste Vereinigung!!
oder doch nicht?
„Fast den gleichen Wassergehalt Ach wir..."
„...passen so gut zusammen!"
Buhuhuuu
„Mama, ich komm zurück
Schniefz
Tropf
frei
Alt
holzig
allein

7 Jahre später
„Ausser Vitamin C haben wir nix mehr gemeinsam! Uhu hu hu"
„Du dumme Nuss, von wegen Frucht!"
„Du wolltest mich vergiften, mit deinem Arsen!!"
„Nimm den Ring! du Holzkopf!!"
„Elende Scheinfrucht kalorienarm und süß, dass ich nicht lache!!"

SPARGELSALAT MIT ERDBEEREN

Spargel und Erdbeeren sind sehr kalorienarm, beinhalten aber auch viele Nährstoffe und haben die ein oder andere überraschende Eigenschaft. Die Erdbeere ist beispielsweise eine Scheinfrucht, deren kleine Samenkörnchen sich als Nüsse entpuppen. Der Spargel überrascht mit einer natürlich vorkommenden, jedoch unbedenklichen Menge Arsen.

ZUTATEN

- 500 g weißer Spargel
- 250 g grüner Spargel
- 200 g Erdbeeren
- 2 Prisen Zucker
- 1 Spritzer Zitronensaft
- 5 EL Spargelsud
- 1/4 EL Senf
- 3 EL Balsamicoessig
- 2 EL Öl
- 8 Blätter Zitronenmelisse
- Salz
- frisch gemahlener Pfeffer

1 Den weißen Spargel schälen und mit Küchengarn zusammenbinden. Den grünen Spargel ebenfalls bündeln. Die Spargelpäckchen in gesalzenem Wasser mit einer Prise Zucker und dem Zitronensaft bissfest garen. Die Bündel gut in Eiswasser abschrecken, damit der Garprozess unterbrochen wird und die Farbe der grünen Spargelstangen nicht verloren geht.

2 Drei Erdbeeren mit einer Prise Zucker, Spargelsud, Senf, Balsamicoessig, Öl, Salz und Pfeffer fein pürieren.

3 Die restlichen Erdbeeren längs vierteln und die gegarten Spargelstangen schräg in Stücke schneiden. Beides mit dem Dressing vermengen. Die Zitronenmelisse darüberzupfen und mindestens 15 min ziehen lassen. Nochmals abschmecken und anschließend servieren.

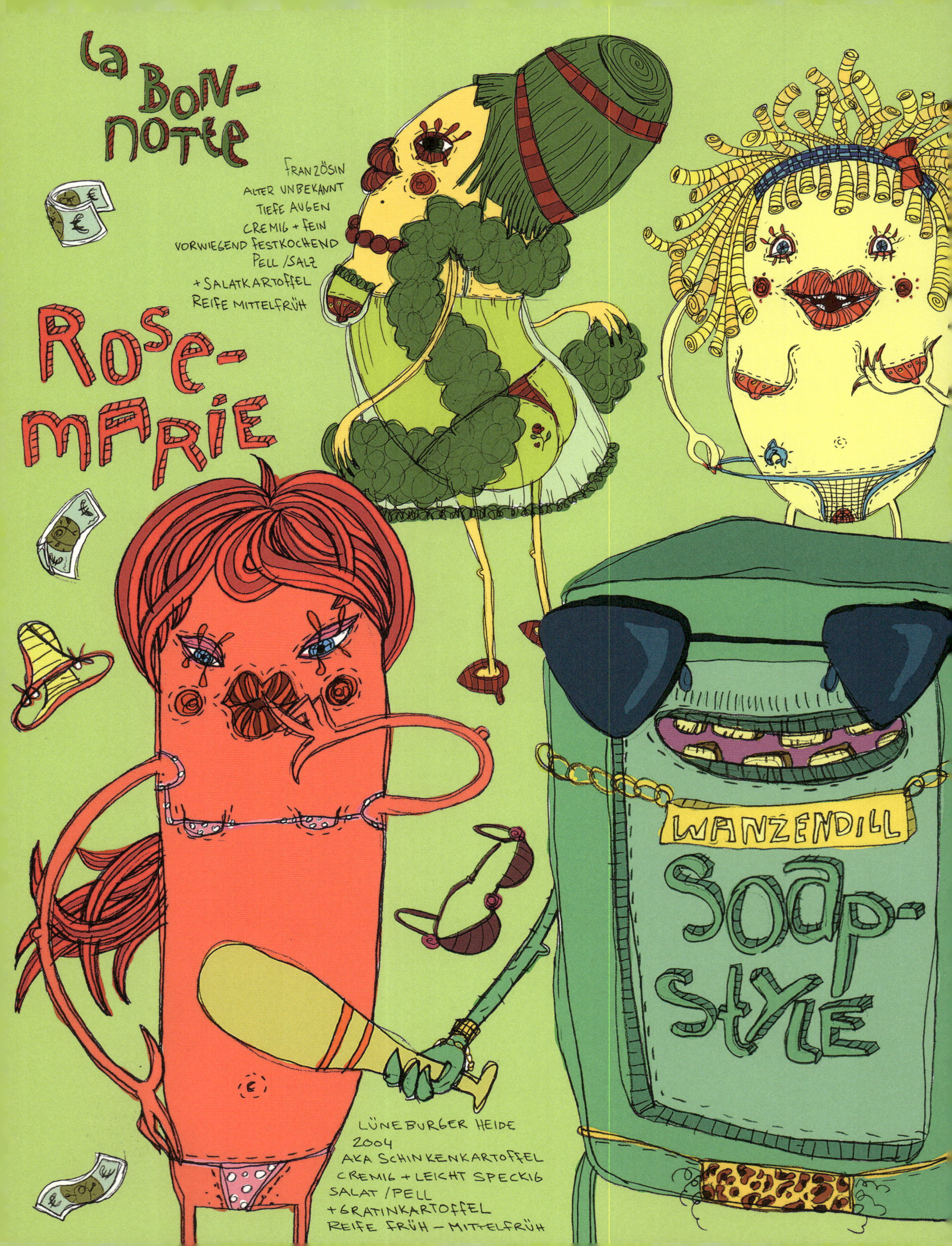
la Bon-
notte
Französin
Alter unbekannt
Tiefe Augen
cremig + fein
vorwiegend festkochend
Pell /Salz
+ Salatkartoffel
Reife mittelfrüh
Rose-
marie
Wanzendill
Soap-
style
Lüneburger Heide
2004
aka Schinkenkartoffel
cremig + leicht speckig
Salat /Pell
+ Gratinkartoffel
Reife früh – mittelfrüh

SIE-GLINDE
DEUTSCHE
ERFAHREN 1935
ANGENEHM KRÄFTIG
FESTKOCHEND
SALAT/SALZ
+PELLKARTOFFEL
REIFE FRÜH
VIO-LET-TA
KORIANDER
WIRD AUFGRUND
SEINES BLÜTEN-
„DUFTES" ALS
WANZENKÜMMEL
ODER WANZENDILL
BEZEICHNET
LÜNEBURGER
HEIDE
JUNG! 2004
AKA BLAUE ELISE
KRÄFTIG
FESTKOCHEND
SALAT/PELL
+PÜREEKARTOFFEL
REIFE MITTELFRÜH

KARTOFFELSALAT MIT KORIANDER-TOMATEN-SALSA

Koriander wird wegen des Geruchs seiner Blüten auch Wanzendill oder Wanzenkümmel genannt oder mit Seife verglichen, da er einen sehr intensiven Geschmack besitzt. Die Kartoffel besitzt auch viele Namen. Ob Violetta, Sieglinde, Rosemarie oder la Bonnotte. Die einzelnen Sorten unterscheiden sich durch ihr Aussehen und den Geschmack.

ZUTATEN

- 1,5 kg festkochende Kartoffeln
- 300 ml passierte Tomaten
- 1 Knoblauchzehe
- 40 g Koriandergrün
- 2 EL Zitronensaft
- 1/2 TL abgeriebene Zitronenschale
- 1 TL Zucker
- 3 EL Olivenöl
- 1 1/2 TL Salz
- 1/2 TL frisch gemahlener Pfeffer

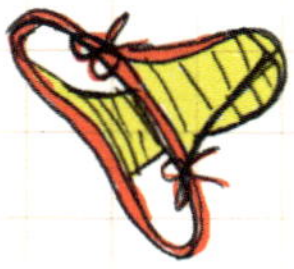

1 Die Kartoffeln schälen und in mundgerechte Würfel schneiden, dann in gesalzenem Wasser bissfest kochen.
2 Die passierten Tomaten, den geschälten Knoblauch, Koriandergrün, Zitronensaft und -schale, Zucker und Olivenöl in einem Mixer pürieren. Mit Salz und Pfeffer abschmecken.

3 Die Kartoffelwürfel mit der Koriander-Tomaten-Salsa vermengen und am besten über Nacht, mindestens aber 1 Stunde zugedeckt im Kühlschrank marinieren. Vor dem Servieren alles gut durchmischen und nochmals mit Salz und Pfeffer abschmecken.

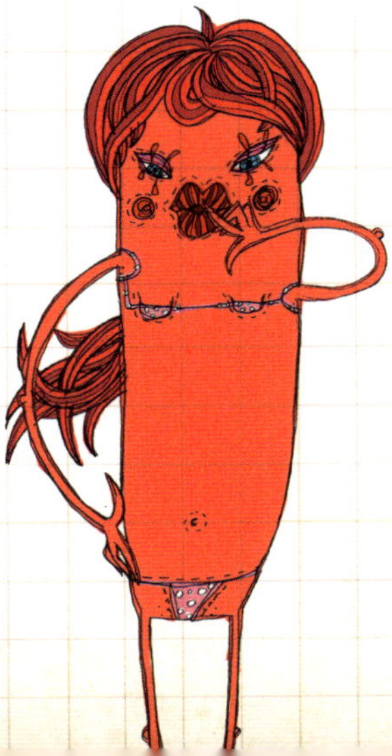

Give it to Jakob,
baby!!
Do it
Esau

Lens culinaris!
ERSTGEBURT!

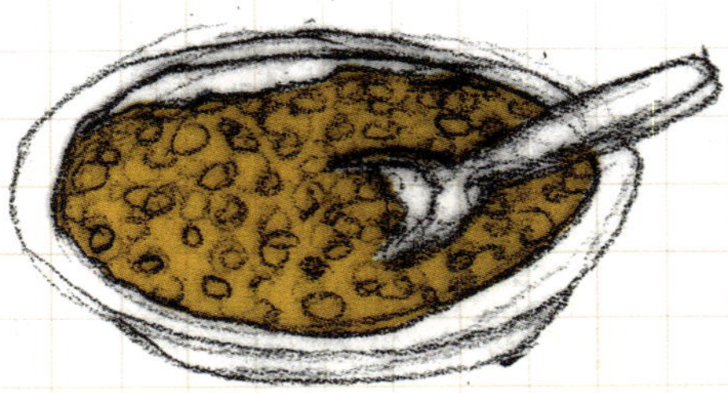

RUSTIKALER LINSEN-KICHERERBSEN-SALAT

In der Bibel wird im 1. Buch Mose Kap. 25 die Geschichte der beiden Brüder Esau und Jakob erzählt. Esau verkaufte für einen einzigen Teller Linsengericht, nach einem harten Arbeitstag auf dem Feld, sein Erstgeburtsrecht an seinen jüngeren Bruder.

Jakob, baby!!

ZUTATEN

- 300 g grüne Linsen
- 150 g Kichererbsen
- 125 g Knödelbrot
- 2 große Zwiebeln
- 5 EL ÖL
- 2 EL mittelscharfer Senf
- 7 EL Tafelessig
- 50 ml Wasser
- 1/2 TL Instant-Gemüsebrühe
- 1 Bund Petersilie
- 1/2 Bund Liebstöckel
- 2 TL Salz
- 1 TL frisch gemahlener Pfeffer

1 Linsen und Kichererbsen über Nacht einweichen, dann entsprechend den Packungsangaben bissfest garen.

2 Die Zwiebeln schälen und fein hacken, in einer Pfanne mit 1 EL Öl einige Minuten anbraten, bis sie Farbe bekommen. Anschließend mit Senf, Essig, 3 EL Öl, Wasser und der Instant-Gemüsebrühe vermengen.

3 Petersilie und Liebstöckel grob hacken, untermischen und mit Salz und Pfeffer abschmecken. Das Dressing über die abgekühlten Linsen und Kichererbsen geben. Mindestens 1 Stunde zugedeckt im Kühlschrank ziehen lassen.

4 Das Knödelbrot mit dem restlichen Öl, Salz und Pfeffer vermengen und im Backofen unter dem Grill von allen Seiten goldbraun rösten.

5 Den Salat nochmals mit Salz, Pfeffer und Essig abschmecken. Die Brotwürfel etwa 5 min vor dem Servieren darunterheben und kurz ziehen lassen.

Lens culinaris!

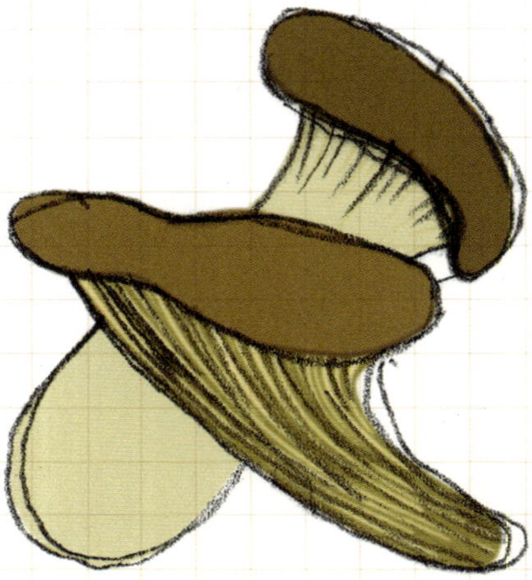

LAUWARMER SALAT VOM KRÄUTER- UND AUSTERNSEITLING

MIT AVOCADO-GRANATAPFEL-DRESSING

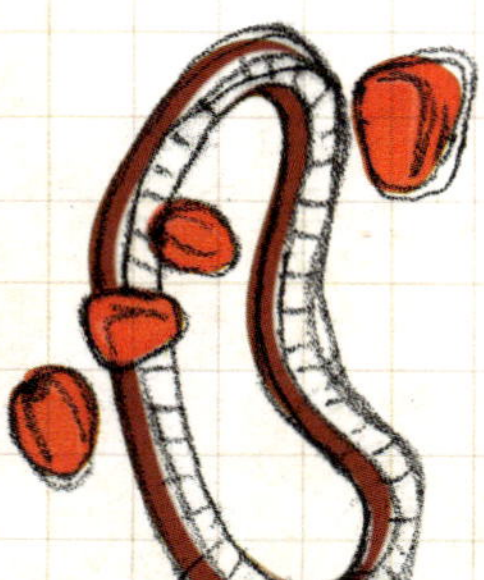

Den einzelnen Zutaten werden jeweils hohe Konzentrationen verschiedener Vitamine und Mineralstoffe nachgesagt. Zu finden in den Strahlen der Einzelkomponenten.

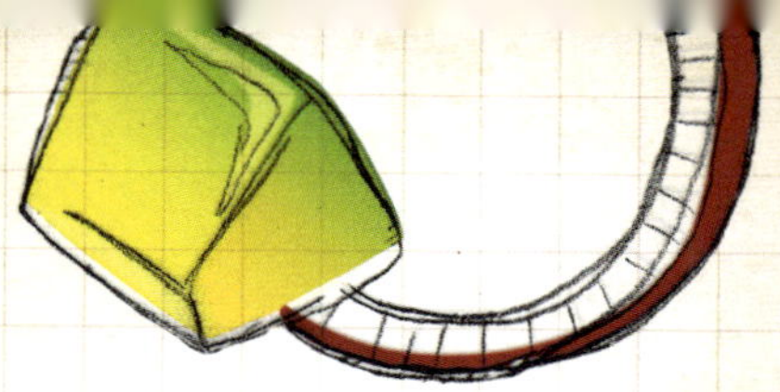

ZUTATEN

- 250 g Kräuterseitlinge
- 250 g Austernseitlinge
- 1 Granatapfel
- 2 Avocados
- Saft von 1 Zitrone
- 2 rote Zwiebeln
- 1 1/2 TL Senf
- 4 EL Essig
- 5 EL Öl
- 1/2 TL Zucker
- 2 EL Wasser
- Salz
- frisch gemahlener Pfeffer

1 Die Kerne aus dem Granatapfel lösen.

2 Senf, Essig, 3 EL Öl, Zucker und Wasser vermengen. Die Granatapfelkerne, Salz und Pfeffer zufügen.

3 Die beiden Avocados schälen. Das Fruchtfleisch in Würfel schneiden und sofort mit Zitronensaft beträufeln. Kurz ziehen lassen und zum Dressing geben.

4 Die Zwiebeln in feine Ringe schneiden, in 1 EL Öl anbraten.

5 Die Kräuter- und Austernseitlinge in mundgerechte Stücke schneiden, im restlichen Öl kurz scharf anbraten.

6 Sofort mit den Zwiebelringen in eine Schüssel geben und mit dem Dressing vermengen. Nochmals mit Salz und Pfeffer abschmecken und lauwarm servieren.

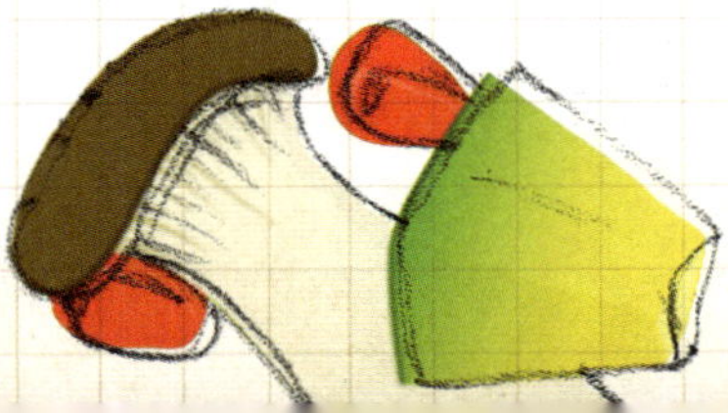

ZÖLIAKIE FREUNDLICH
GATTUNG
DER
FUCHS
GÄNS
E FUSSGEWÄCHSE
SCHWANZ
GEWÄCHS

FRUCHTIGER QUINOA-SALAT MIT MANGO UND KAROTTEN

Quinoa wird zu einem großen Teil in Peru angebaut, den Verweis hierzu stellt die Tracht mit traditioneller Musterung her. Die Beine und der Schwanz deuten auf die botanische Zugehörigkeit zu den Fuchsschwanz- und Gänsefußgewächsen hin.

ZUTATEN

- 300 g Quinoa
- 500 ml Gemüsebrühe
- 2 Mangos
- 5 große Karotten
- 20 g Koriandergrün
- 10 g Ingwer
- 3 Limettenblätter
- 7 EL Reisessig
- 1 EL Zitronensaft
- 1 EL Zucker
- 2 EL Sesamöl
- 1 1/2 TL Salz
- frisch gemahlener Pfeffer

1 Das Quinoa mit der Gemüsebrühe etwa 15–20 min in einem Topf bei geringer Hitze auf dem Herd quellen lassen.

2 Die Mangos und die Karotten schälen. Dann mithilfe eines Sparschälers in breiten Streifen abziehen. Den Ingwer schälen, grob hacken und die Limettenblätter mit einer Schere in hauchdünne Streifen schneiden.

3 Den Reisessig mit Zitronensaft, Zucker, Sesamöl und dem Salz zu einem Dressing verrühren. Den Ingwer hinzufügen und alles mit einem Pürierstab kräftig aufmixen.

4 Karotten-, Mangostreifen und die Limettenblätter unter das gequollene Quinoa geben. Die Hälfte des Korianders darüberzupfen, die Stiele fein hacken und ebenfalls untermischen. Alles gut mit dem Dressing vermengen. Im Kühlschrank zugedeckt mindestens 1 Stunde marinieren.

5 Den Salat nochmals mit Salz und Pfeffer abschmecken. Kurz vor dem Servieren den restlichen Koriander grob gehackt unterheben.

YOUR PERSONAL
YEAH
ILLNESS
ECKIGE
BLATTFLECKEN
RUSSTAU
SCHWARZ

SELLERIESCHORF
MOSAIKKRA
NKHEIT
VIOLETTERWURZELTÖTER
FÄULE

LAUWARMER SALAT VOM OFENGEMÜSE

MIT FEIGENDRESSING

Ob Violetter Wurzeltöter der Kartoffel, die Mosaikkrankheit der Süßkartoffel oder die Schwarzfäule der Karotte, sie alle sind Krankheiten, die der Landwirt nicht gerne sieht. Den verwendeten Zutaten wird je eine für sie typische Pflanzenerkrankung zugeordnet.

ZUTATEN

- 300 g Karotten
- 300 g Kartoffeln
- 250 g Süßkartoffeln
- 250 g Hokkaidokürbis
- 250 g Sellerie
- 1 große Knoblauchzehe
- 8 EL Öl
- 6 getrocknete Feigen
- 150 ml Wasser
- 3 EL Zitronensaft
- 4 EL mittelscharfer Senf
- 2 TL Salz
- frisch gemahlener Pfeffer

1 Den Backofen auf 180 °C vorheizen.

2 Karotten schälen und in 2 cm lange Stücke schneiden. Kartoffeln und Süßkartoffeln ungeschält in grobe Würfel schneiden. Hokkaidokürbis und Sellerie ebenfalls in mundgerechte Stücke zerteilen.

3 Den Knoblauch schälen, fein hacken und mit 3 EL Öl vermengen, anschließend über das Gemüse träufeln.

4 Im Backofen 15–20 min gabelzart garen.

5 Währenddessen im Mixer die Feigen mit 5 EL Öl, Wasser, Zitronensaft, Senf und Salz fein pürieren. Je nach Konsistenz muss noch Flüssigkeit zugefügt werden.

6 Das Dressing mit dem warmen Gemüse in eine Schüssel geben und gut vermengen. Nochmals mit Salz und Pfeffer abschmecken und lauwarm servieren.

NUDELN MAG
ICH NUR FRISCH

ASIATISCHER REISNUDEL-SALAT

Die Illustration zeigt die einzelnen Stufen der Herstellung von frischen Reisnudeln. Dies ist auch zu Hause ohne die speziellen Garpfannen möglich, indem man den Teig in einer dünnen Schicht in Alu-Schalen, im Wasser schwimmend, im Wok dämpft.

ZUTATEN

- **250 g Reisnudeln**
- **150 g Cashewkerne**
- **200 g Austernpilze**
- **3 Karotten**
- **1 große Zucchini**
- **2 Knoblauchzehen**
- **30 g Koriandergrün**
- **3 Chilischoten**
- **2 EL Sesamöl**
- **4 EL ÖL**
- **5 Limettenblätter**
- **20 g Ingwer**
- **2 EL Sojasauce**
- **4 EL Zitronensaft**
- **50 ml Gemüsebrühe**
- **2 TL Salz**

1 Die Reisnudeln im gesalzenen Wasser entsprechend der Packungsangabe bissfest garen und abtropfen lassen.

2 Den Knoblauch schälen. Knoblauch und Chilischoten fein hacken. Mit Sesamöl und 2 EL Öl verrühren.

3 Sojasauce, Zitronensaft, Gemüsebrühe und Salz dazugeben. Die Limettenblätter mit einer Schere in hauchdünne Streifen schneiden, Koriander und Ingwer fein hacken und unter das Dressing mischen.

4 Die Cashewkerne in einer Pfanne ohne Fett anrösten und die Austernpilze im restlichen Öl scharf anbraten. Die Karotten schälen. Karotten und Zucchini in feine Streifen schneiden oder mit einem Sparschäler abziehen.

5 Die Reisnudeln mit dem Dressing vermengen, die Nüsse und das Gemüse daruntergeben und gut durchmischen. Zum Schluss die gebratenen Austernpilze unterheben. Den Salat 1 Stunde im Kühlschrank ziehen lassen.

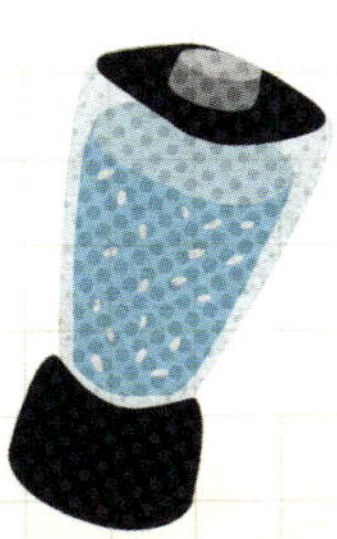

ESSIG
ESSIG

RÄUCHERTOFU-WURST-SALAT

Die Produktionsstrecke zeigt die verschiedenen Prozesse, welche die einzelnen Zutaten durchlaufen, bis sie wohlschmeckend im Salat landen. Vom Räuchervorgang des naturbelassenen Tofus bis zum sauren Einlegen der Gurken und Paprika in Essig.

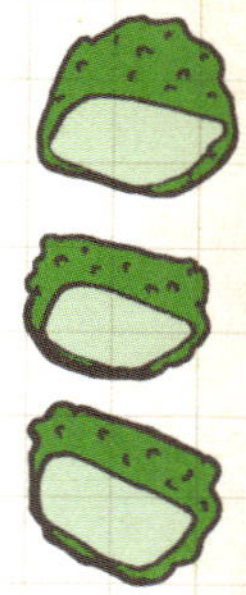

ZUTATEN

- 400 g Räuchertofu
- 7 große saure Gurken
- 1/2 Glas eingelegte Paprika
- 1 Zwiebel
- 1 Bund Petersilie
- 5 EL Gurkensud aus dem Glas
- 4 EL Essig
- 3 EL Öl
- 2 TL mittelscharfer Senf
- 1 Prise Zucker
- 1 TL Salz
- frisch gemahlener Pfeffer

1 Den Räuchertofu und die sauren Gurken in 2 mm dicke und etwa 1 cm breite Streifen schneiden.

2 Die eingelegten Paprika gut abtropfen lassen, ebenfalls in schmale Streifen schneiden und zu dem Räuchertofu und den Gurken geben.

3 Den Gurkensud mit Essig, Öl, Senf, Zucker, Salz und Pfeffer verrühren. Die Petersilie grob hacken und dazugeben. Tofu und Gemüse mit dem Dressing vermengen, mehrere Stunden im Kühlschrank marinieren.

4 Die Zwiebel in feine Ringe schneiden und unterheben.

HAUPT

SPEISEN

RÖM
SECONDO PIATTO
STOCK HOLM
MA DRID
PLATO PRINCIPAL
HUVUDRÄTT

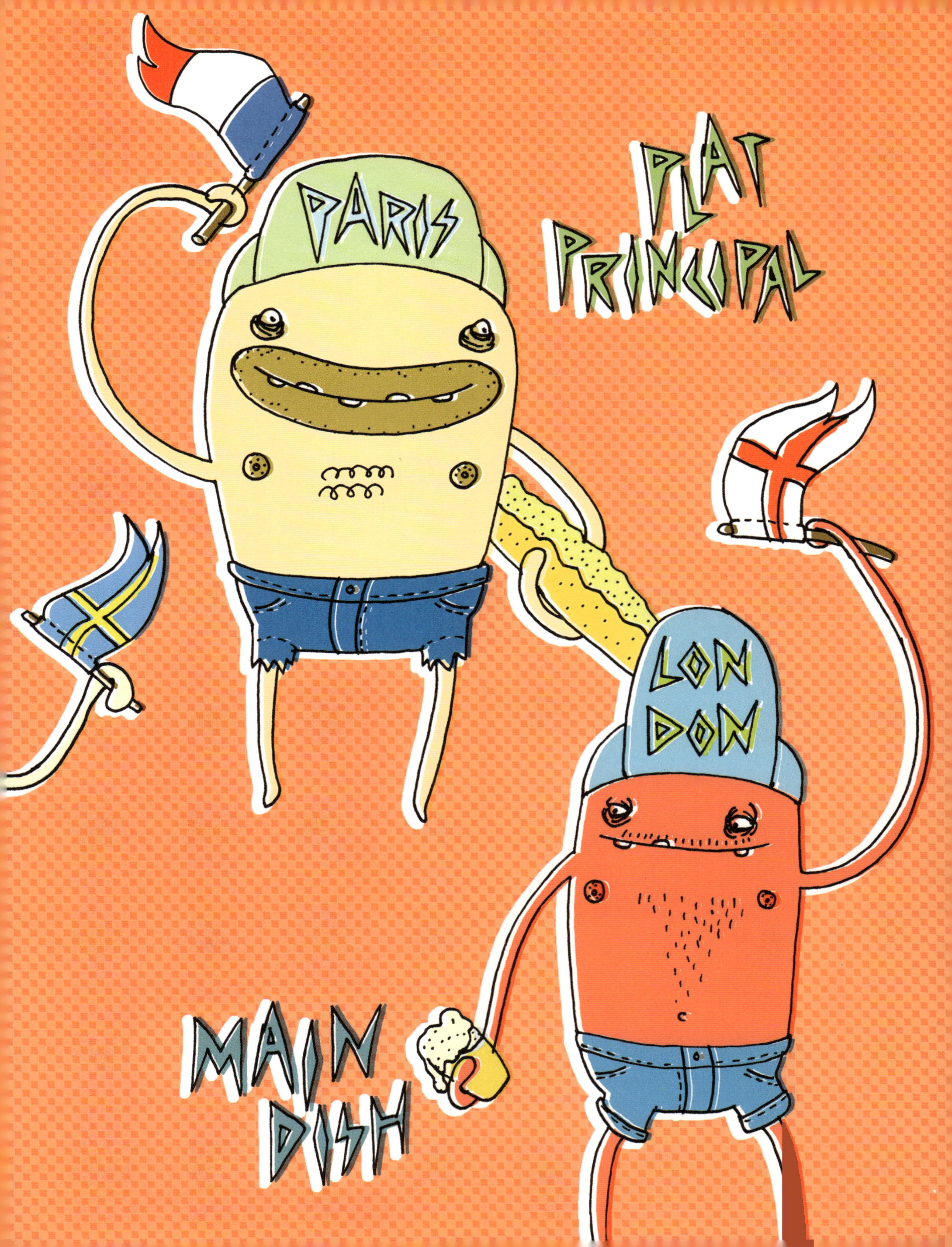
PARIS
PLAT PRINCIPAL
LON DON
MAIN DISH

COUSCOUS MIT GEMÜSE UND ROSINEN

Couscous wird traditionell aus Weizengrieß hergestellt. Der Grieß wird ausgebreitet, mit Wasser benetzt und mit etwas Mehl bestaubt. So entstehen kleine Klümpchen, die anschließend mit den Händen sehr fein zerrieben werden, bis nur noch millimetergroße Kügelchen, der eigentliche Couscous, übrig sind. Dann werden sie ausgebreitet in der Sonne getrocknet. Diesen Prozess durchlaufen die Akrobaten in der Illustration, vom Befeuchten, Bestauben, Zusammenklumpen, Trocknen bis hin zum fertigen Couscous.

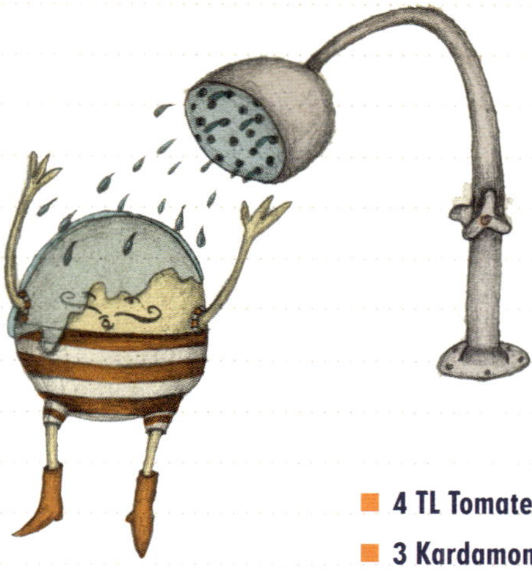

ZUTATEN

- 400 g Couscous
- 3 Karotten
- 1 Zucchini
- 1 Aubergine
- 1 Paprikaschote
- 4 Tomaten
- 2 Zwiebeln
- 2 Knoblauchzehen
- 1 Dose Kichererbsen (400 g)
- 1 Dose Tomaten (400 g)
- 100 g Zuckerschoten
- 100 g Rosinen
- 900 ml Gemüsebrühe
- 1 TL Harissa
- 4 TL Tomatenmark
- 3 Kardamomkapseln
- 5 Nelken
- 3 Sternanis
- 4 Pimentkörner
- 1 TL Pfefferkörner
- 1 TL Kreuzkümmel
- 1/2 TL Muskat
- 1 TL Koriandersamen
- 1 Lorbeerblatt
- Salz
- frisch gemahlener Pfeffer
- Öl

1 Die Gewürze (von Kardamom bis Lorbeerblatt) ohne Fett anrösten. Dann in ein Gewürz-Ei füllen oder aus dem Topf nehmen und später lose mitkochen.

2 Die Karotten schälen und mit dem restlichen Gemüse längs in 2 cm breite Stifte schneiden. Zwiebeln und Knoblauch schälen, hacken und in Öl anbraten.

3 Gemüse, Kichererbsen, Zuckerschoten und Rosinen in den Topf geben und kurz mitbraten. 500 ml Gemüsebrühe mit Harissa und 2 TL Tomatenmark mischen, das Gemüse dann damit ablöschen. Die Dosentomaten dazugeben. Nun das Gewürz-Ei in den Topf hängen, sodass es von Flüssigkeit bedeckt ist, oder die gerösteten Gewürze lose in den Topf geben und mitkochen.

4 400 ml Brühe mit dem restlichen Tomatenmark verrühren und mit dem Couscous mischen. 5 min quellen lassen. Ein Sieb in den Topf hängen, ohne dass es das Gemüse berührt, und den Couscous hineingeben.

5 Bei geringer Hitze 45 min kochen, bis das Gemüse zart ist und die Gewürze ihr Aroma abgegeben haben. Mit Salz und Pfeffer abschmecken. Couscous immer wieder durchrühren, um die Klümpchen zu lösen. Anschließend in die Teller geben und das Gemüse in die Mitte schöpfen.

INDISCHES LINSENCURRY MIT GEMÜSE

In einer Currygewürzmischung befindet sich eine Vielzahl an Gewürzen, einige jedoch sind fester Bestandteil jeden Currys. Diese sind Koriander, Kurkuma, Kreuzkümmel, Ingwer, Chili, Zimt, Nelken, Kardamom, Sternanis, Bockshornklee, Curryblätter und Lorbeer.

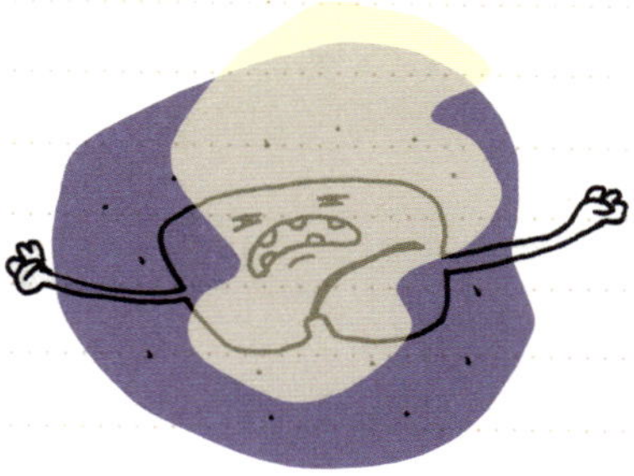

ZUTATEN

- 200 g gelbe Linsen
- 3 Karotten
- 200 g Brokkoli
- 1 große Zwiebel
- 400 ml Kokosmilch
- 400 ml Wasser
- 1 Dose Tomaten (400 g)
- 400 g Basmati- oder Jasminreis
- 4 Knoblauchzehen
- 6 Chilischoten
- 1 Stück Ingwer (etwa 2 cm)
- 6 Nelken
- 1 TL Bockshornkleesamen
- 2 EL Koriandersamen
- 1/2 TL gemahlener Zimt
- 2 Lorbeerblätter
- 1 TL gemahlener Kreuzkümmel
- 1 TL gemahlener Kurkuma
- 2 Sternanis
- 4 Kardamomkapseln
- 2 EL Tomatenmark
- 1 TL Zucker
- Salz
- frisch gemahlener Pfeffer
- Öl

1 Die Karotten schälen und schräg in Scheiben schneiden. Die Brokkoliröschen mundgerecht zerteilen.

2 Die Zwiebel fein hacken und in etwas Öl glasig anbraten. Alle Gewürze außer Knoblauch, Chili und Ingwer hinzufügen und 2–3 min mitbraten. Knoblauch, Chilischoten und Ingwer hacken und dazugeben. Das Tomatenmark zufügen. Alles 2–3 min braten.

3 Mit Kokosmilch, dem Wasser und den Dosentomaten ablöschen. Den Zucker und die Linsen zugeben. 15 min bei geringer Hitze kochen.

4 Inzwischen den Brokkoli in etwas Salzwasser separat bissfest garen und in Eiswasser abschrecken.

5 Die Karotten ebenfalls in den Topf geben und weitere 15 min garen. Falls die Linsen stark eindicken, nach und nach mit etwas Wasser aufgießen. Das Curry sollte am Ende eine cremige, nicht zu flüssige Konsistenz haben.

6 Währenddessen den Reis gemäß der Packungsangabe zubereiten. Kurz vor dem Servieren die Brokkoliröschen zugeben und miterhitzen. Das Curry zum Schluss mit Salz und Pfeffer abschmecken. Den Reis mithilfe eines Servierrings oder einer Tasse auf dem Teller anrichten und das Linsencurry dazugeben.

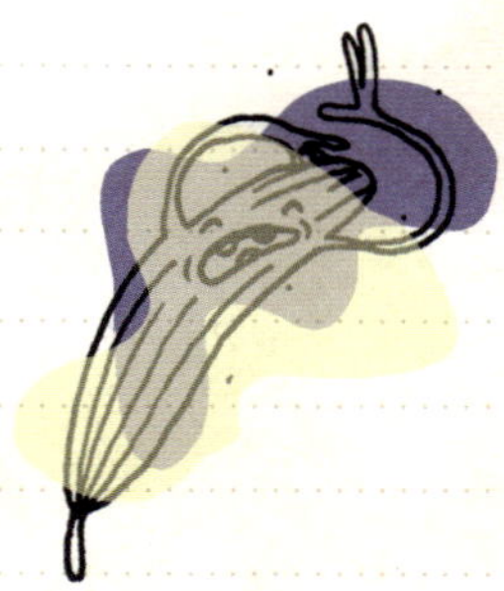

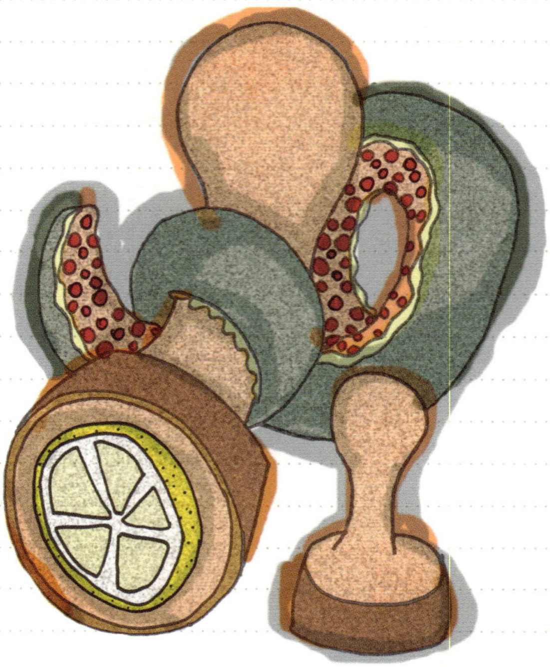

AUSTERNPILZSCHNITZEL MIT GRÜNER-PFEFFER-SAUCE

UND KARTOFFEL-KAROTTEN-GEMÜSE

Was heute oft als Studentenschnitzel bezeichnet wird, nannte man schon lange zuvor Beamtenschnitzel. Beamte galten damals als niedere Berufsgruppe mit geringem Lohn und daher konnten sie sich selten Fleisch leisten. Das Schnitzel aus günstigem Pilz war so eine finanzschonende und schmackhafte Alternative.

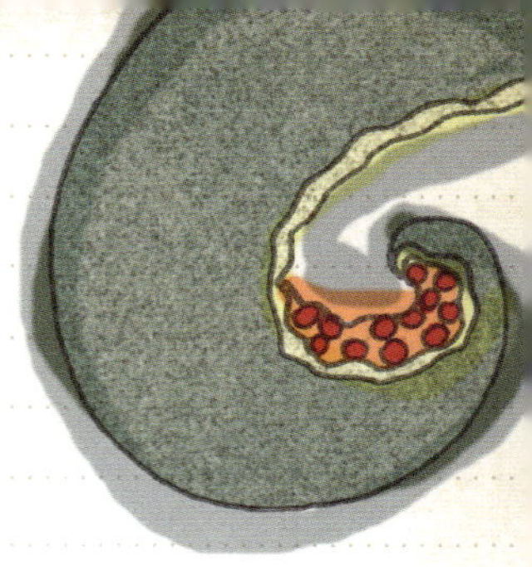

PILZSCHNITZEL

- 8 Austernseitlinge à 40 g
- 4 Karotten
- 4 Kartoffeln
- 1 TL Zucker
- 1 Zitrone

PANADE

- Paniermehl
- 150 g Mehl
- 200 ml Wasser
- 1 1/2 TL Salz
- frisch gemahlener Pfeffer

SAUCE

- 1 Schalotte
- Mehl zum Bestauben
- 50 ml Gemüsebrühe
- 250 ml Sojasahne
- 2 TL eingelegte grüne Pfefferkörner
- 3 TL Lake des Pfeffers
- 2 TL Zitronensaft
- 1/2 Bund Petersilie
- Salz
- frisch gemahlener Pfeffer
- frisch geriebene Muskatnuss
- Öl

1 Für die Panade das Mehl mit dem Wasser in einer Panierschale vermengen, 1 TL Salz und etwas frisch gemahlenen Pfeffer zugeben. Paniermehl in eine zweite Schale geben und das übrige Salz untermengen.

2 Karotten und Kartoffeln schälen, in Stifte schneiden und in Salzwasser bissfest garen.

3 Die Austernpilze vom Strunk befreien. In die Mehlmasse tauchen und beidseitig im Paniermehl wenden.

4 Für die Sauce die Schalotte schälen, sehr fein hacken und in Öl glasig anbraten. Vor dem Ablöschen mit etwas Mehl bestauben und kurz rösten, dann mit der Gemüsebrühe aufgießen. Sojasahne, 1/2 TL Pfefferkörner und Lake untermischen. Einmal kurz aufkochen und fein pürieren. Anschließend den Zitronensaft und die übrigen Pfefferkörner zugeben. Mit Salz, Pfeffer und Muskatnuss abschmecken. Im geschlossenen Topf beiseite stellen.

5 Ofen auf 100 °C vorheizen. Pilzschnitzel in reichlich Öl braten und im Ofen warm halten. Inzwischen die Karotten und Kartoffeln mit etwas Öl und dem Zucker in der Pfanne karamellisieren. Die Zitrone in vier Scheiben schneiden.

6 Die Pfeffersauce kurz erwärmen. Nicht kochen, da die Sahne sonst gerinnt. Mit dem Gemüse auf die Teller geben, gehackte Petersilie darüberstreuen, mit den Schnitzeln und den Zitronenscheiben anrichten.

PAPPARDELLE MIT PISTAZIENPESTO

Der Legende nach liebte die Königin von Saba Pistazien so sehr, dass sie ihren Untertanen den Verzehr verbot. So erklärte sie die Pistazie zu einem Nahrungsmittel, das ausschließlich von Menschen königlicher Abstammung verspeist werden durfte.

ZUTATEN

- **500 g Pappardelle**
- **70 g Pistazien**
- **125 ml Olivenöl**
- **1 Knoblauchzehe**
- **20 g Basilikum**
- **5 TL Zitronensaft**
- **1 Prise Zucker**
- **2 EL Paniermehl**
- **20 g Mandelblättchen**
- **1 1/2 TL Salz**
- **frisch gemahlener Pfeffer**

1 20 g Pistazien grob hacken und beiseite stellen. Die restlichen Pistazien, Öl, Knoblauch, Basilikum, Zitronensaft, Zucker und 1 TL Salz fein pürieren.

2 Das Paniermehl in einer Pfanne ohne Fett goldbraun rösten und abkühlen lassen.

3 Die Mandelblättchen ebenfalls fettfrei anrösten und ausgebreitet auskühlen lassen.

4 Das Paniermehl mit den grob gehackten Pistazien zum Pesto geben und gut vermengen. Mit Salz und Pfeffer kräftig abschmecken.

5 Die Pappardelle nach Packungsangabe bissfest garen, abgießen und auf die Teller verteilen. Das Pesto darübergeben und mit den gerösteten Mandelblättchen und etwas Pfeffer bestreuen, sofort servieren.

Fräulein Grün
PIMENTOS DE PATRON
FRIES
S FRIED
HAMBURGER STEAK
COOK BOOK USA
1891
ROASTED CARROTS

kern sie unreifes Ding

Aus Ihnen wird nie eine Frau Kidney-Dinkel

BOHNEN-GRÜNKERN-BURGER MIT RÖSTGEMÜSE

Wer den Hamburger erfunden hat und wann das war, ist nicht ganz klar zu beantworten. Jedoch findet sich eine der ersten schriftlichen Erwähnungen des Burgers in einem alten amerikanischen Kochbuch von 1891 mit dem Rezept des „Hamburger Steaks". Zudem wird in der Illustration aufgegriffen, dass Grünkern das unreif geerntete Weizenkorn ist.

GEMÜSEBEILAGE

- 800 g Kartoffeln
- 300 g Süßkartoffeln
- 3 Karotten
- 1 rote Paprikaschote
- 1 große Zwiebel
- 125 g Pimentos
- 125 g Kirschtomaten
- 100 g Rucola
- 100 g frischer Spinat
- Olivenöl
- Salz

SAUCE

- 12 EL Ketchup
- 2 EL mittelscharfer Senf
- 4 EL Hähnchengewürz
- 4 EL Röstzwiebeln
- 4 EL Öl
- 4 EL Wasser
- frisch gemahlener Pfeffer

BURGER

- 8 Burgerbrötchen
- 2 Karotten
- 2 Zwiebeln
- 2 Knoblauchzehen
- 1 Chilischote
- 1 Dose Kidneybohnen (400 g)
- 1 Dose Tomaten (400 g)
- 150 g Grünkernschrot
- 70 g Paniermehl
- 80 g Gluten
- 1 EL Paprikapulver
- Salz
- frisch gemahlener Pfeffer
- Öl

1 Für die Bohnen-Grünkern-Burger Karotten, Zwiebeln und Knoblauch schälen und mit der Chilischote zusammen fein hacken, dann in etwas Öl einige Minuten anbraten.

2 Die Kidneybohnen abgießen, im Mixer fein hacken und zu den Zwiebeln in die Pfanne geben. Dosentomaten, Grünkernschrot und Paprikapulver einrühren. Die Bohnenmasse erhitzen, vom Herd nehmen und etwa 30 min quellen lassen. Mit Salz und Pfeffer abschmecken.

3 Das Paniermehl in einer Pfanne ohne Fett anrösten, bis es Farbe bekommt. Dann mit dem Gluten mischen, zur Burgermasse geben und einige Minuten gut verkneten. Aus dem Teig acht Bratlinge formen.

4 Für die Gemüsebeilage die Kartoffeln sauber abbürsten und mit der Schale in lange Stifte schneiden. Auf einem mit Backpapier ausgelegten Backblech ausbreiten, mit etwas Öl beträufeln und 1 TL Salz darüberstreuen.

5 Die Süßkartoffeln in Scheiben schneiden. Die Karotten schälen und mit der Paprika in Streifen, die Zwiebel in Ringe schneiden. Mit den Pimentos auf ein zweites Blech mit Backpapier legen, Öl und 1 TL Salz darübergeben.

6 Die Burger in der Pfanne von beiden Seiten scharf anbraten und zum Gemüse auf das Blech geben. Alles bei 200 °C etwa 15 min backen, bis eine Bräunung entsteht.

7 Inzwischen für die Sauce Ketchup, Senf, Hähnchengewürz, Röstzwiebeln, Öl und Wasser vermischen, mit Salz und Pfeffer abschmecken. Die Kirschtomaten in Scheiben schneiden, den Rucola und Spinat waschen.

8 Die Burgerbrötchen aufschneiden und unter dem Grill kurz rösten, bis sie knusprig werden. Die Pimentos und die Kartoffeln noch kurz im Ofen warm halten, während mit den restlichen Zutaten die Brötchen belegt werden. Alles zusammen anrichten und servieren.

CURRY-SEITAN-GULASCH

Ursprünglich ein indonesisches Eintopf-Gericht mit Rindfleisch. Durch die Weitergabe an meine Großmutter und deren Überlieferung an mich wird das ursprüngliche Curry-Gulasch heute von indonesischer und deutscher Kocherfahrung gerahmt.

CURRYGULASCH

- 500 g Seitan
- 4 Zwiebeln
- 2 Knoblauchzehen
- 2 Karotten
- 3 TL Currypulver
- 850 ml Gemüsebrühe
- 1/2 Tube Tomatenmark
- 300 ml Rotwein
- 400 g grüne Bohnen
- 3 TL Bohnenkraut
- 100 g Kirschtomaten

REIS

- 250 g Reis
- 2 Zwiebeln
- 2 EL Rosinen
- 1 EL Cashewkerne
- 1 EL Haselnüsse
- 4 Bananen
- 2 Orangen

SEITAN

- 230 g Gluten
- 3 Zwiebeln
- 3 Knoblauchzehen
- 800 ml kräftige Gemüsebrühe
- 1 1/2 EL Tomatenmark
- 2 Lorbeerblätter
- 3 Nelken
- 2 EL geräuchertes Paprikapulver
- 1 1/2 TL Salz
- 1 TL frisch gemahlener Pfeffer
- Öl

1 Für den Seitan die Zwiebeln und den Knoblauch schälen, hacken und glasig anbraten. Zusammen mit 100 ml Gemüsebrühe, Tomatenmark, Lorbeer, Nelken, Paprikapulver, Salz und Pfeffer fein pürieren. 1 EL Öl zur Masse geben und mit dem Gluten verkneten.

2 Die Masse teilen und wurstförmig eng in Alufolie wickeln, nicht ganz straff ziehen und in der restlichen Gemüsebrühe 35 min mit geschlossenem Deckel kochen. Dann auskühlen lassen und in grobe Stücke zupfen. Beiseite stellen.

3 Zwiebeln und Knoblauch für das Curry schälen, hacken und glasig braten. Die Seitanstücke zugeben und einige Minuten gut anrösten, bis sie rundum Farbe bekommen.

4 Karotten schälen, halbieren und in 3 cm lange Stifte schneiden, ebenfalls in den Topf geben. Mit Currypulver bestauben, kurz mitbraten und mit Gemüsebrühe ablöschen. Tomatenmark unterrühren und den Rotwein zugeben.

5 Bohnen waschen, halbieren und mit dem Bohnenkraut untermischen. Mindestens eine halbe Stunde bei geringer Hitze kochen. Die Kirschtomaten halbieren und ebenfalls in den Topf geben, 10 min weitergaren.

6 Inzwischen den Reis aufsetzen. Die Zwiebeln für den Reis in feine Ringe schneiden und in Öl anbraten, Rosinen und Nüsse dazugeben und einige Minuten mitbraten. Die Bananen halbieren und ebenfalls mit etwas Öl in der Pfanne anbraten, bis sie krosse Stellen bekommen. Die Orangen filetieren und die Filets kurz mitschwenken.

7 Den Reis auf den Tellern anrichten, die Röstmischung daraufgeben und mit dem Curry-Seitan-Gulasch servieren.

WÜRZFLEISCH
Reste
Ragout fin
Salpic

Essen?
on

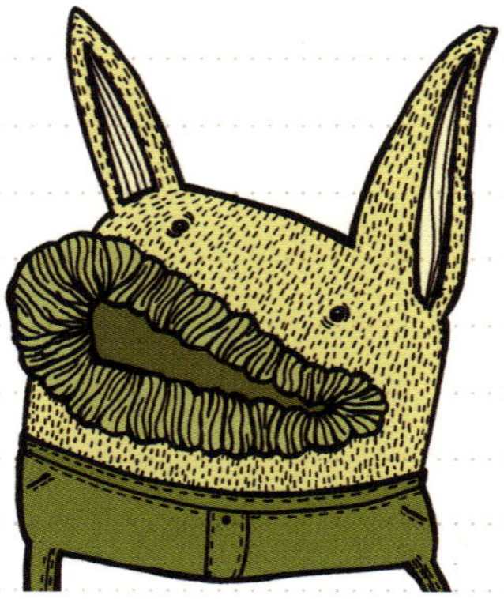

RAGOUT FIN IM PASTETCHEN

Salpicon

Ob Salpicon, Ragout oder Würzfleisch – im Grunde nur andere Begriffe für das gleiche Gericht. Klein geschnittenes Gemüse und Fleisch, das in einer würzigen Sauce eingekocht wird. Ursprünglich gedacht, um gebratenes oder geschmortes Fleisch schonend aufzuwärmen. Die „stille Post" verkörpert diese Weiterentwicklung eines Grundbegriffs.

Ragout fin

PASTETEN

- 2 Rollen Blätterteig
- 1 runde Ausstechform (10–12 cm Durchmesser)
- 1 runde Ausstechform (1 cm kleiner)

SEITAN

- 100 g Gluten
- 150 ml Wasser
- 1 TL Tomatenmark
- 1 TL Salz
- 2 Wacholderbeeren
- 2 Lorbeerblätter
- 2 Nelken
- 1/2 TL Paprikapulver
- 1 TL Instant-Gemüsebrühe
- 2 TL Öl

RAGOUT

- 300 g Karotten
- 250 g Champignons
- 200 g Erbsen
- 1 Zwiebel
- 1 Knoblauchzehe
- 2 Lorbeerblätter
- 2 Wacholderbeeren
- 1 Nelke
- 100 ml Weißwein
- 250 ml Sojasahne
- 2 EL Worcestersauce
- Salz
- frisch gemahlener Pfeffer
- Öl

BRÜHE

- 800 ml Wasser
- 3 TL Instant-Gemüsebrühe
- 1 TL Salz
- 3 TL Essig
- 2 TL Sojasauce
- 5 EL Worcestersauce

1 Blätterteig aus dem Kühlschrank nehmen und mit der großen Form so viele Böden wie möglich ausstechen. Mit der kleineren Form die Mitten dieser Böden ausstechen, sodass nur noch der 1 cm breite Ring übrig bleibt.

2 Vier bis sechs Ringe exakt aufeinanderlegen, dabei jeweils mit Wasser bestreichen, bevor die nächste Lage aufgelegt wird. Mindestens vier Türmchen herstellen.

3 Den restlichen Teig dünn auswellen. Mit der großen Form vier Bodenplatten ausstechen und auf einem mit Backpapier ausgelegten Blech platzieren. Die Ränder mit Wasser bestreichen, die geschichteten Ringe passgenau daraufsetzen. Aus Backpapier oder Alufolie Rollen mit dem Innendurchmesser der Ringe formen und ins Innere der Pasteten stecken, damit diese beim Backen nicht kippen. Den Blätterteig gemäß Packungsangabe golden backen.

4 Für den Seitan Wasser, Tomatenmark, Gewürze und Öl im Mixer fein pürieren. Gluten in eine Schüssel geben und mit dem Püree mischen. Gut durchkneten. Den Teig zu einer Wurst formen und in Alufolie wickeln. Alle Zutaten für die Brühe aufkochen. Den Alu-Schlauch hineinlegen, er sollte vollständig mit Wasser bedeckt sein. Dann 35 min mit geschlossenem Deckel kochen. Für das Ragout 200–300 ml des Kochsuds aufbewahren.

5 Zwiebel und Knoblauch schälen und fein hacken. In Öl glasig braten. Lorbeerblätter, Wacholderbeeren und die Nelke dazugeben. Die Karotten schälen und schräg in Scheiben schneiden, mit den Zwiebeln braten.

6 Währenddessen den Seitan in Würfel schneiden und ebenfalls in den Topf geben. Mit Weißwein ablöschen und den Kochsud zugießen. Einige Minuten mitgaren.

7 Die Champignons in mittelgroße Würfel schneiden und mit den Erbsen in den Topf geben. Bei geringer Hitze 5 min ziehen lassen. Nun die Sojasahne unterziehen und mit Worcestersauce, Salz und Pfeffer abschmecken.

8 Sobald die Karotten bissfest sind, das Ragout fin in die Pasteten füllen und servieren.

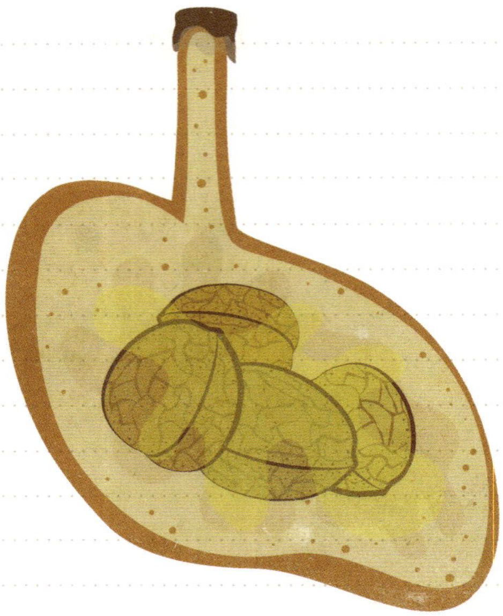

CONCHIGLIONI MIT KAROTTEN-WALNUSS-BOLOGNESE

Die Walnuss steht in vielen Kulturen für eine Reihe unterschiedlicher Mythen. Am verbreitetsten findet man sie, wie auch im christlichen Glauben, als Symbol der Fruchtbarkeit, der Weiblichkeit und der sprudelnden Lebenskraft.

ZUTATEN

- 500 g Conchiglioni oder andere Pasta
- 4 große Karotten
- 120 g Walnüsse
- 2 Zwiebeln
- 2 Knoblauchzehen
- 2 EL Tomatenmark
- 2 Lorbeerblätter
- 300 ml Rotwein
- 1 Dose Tomaten (400 g)
- Salz
- frisch gemahlener Pfeffer
- Öl

1 Karotten schälen, in grobe Stücke schneiden und mit den Walnüssen in der Küchenmaschine etwas gröber hacken.

2 Zwiebeln und Knoblauch schälen, fein hacken und in Öl glasig anschwitzen. Dann das Tomatenmark im Topf einige Minuten mitbraten und die Lorbeerblätter zugeben.

3 Die gehackten Karotten und Nüsse untermischen und einige Minuten bei mittlerer Hitze mitbraten.

4 Mit etwas Rotwein ablöschen, die Dosentomaten zugeben und den restlichen Rotwein eingießen. Etwas Salz und Pfeffer dazugeben. Für mindestens 30 min bei kleiner Flamme kochen lassen und am Ende nochmals mit Salz und Pfeffer abschmecken.

5 Die Pasta in Salzwasser bissfest garen, auf die Teller verteilen und mit der heißen Bolognese servieren.

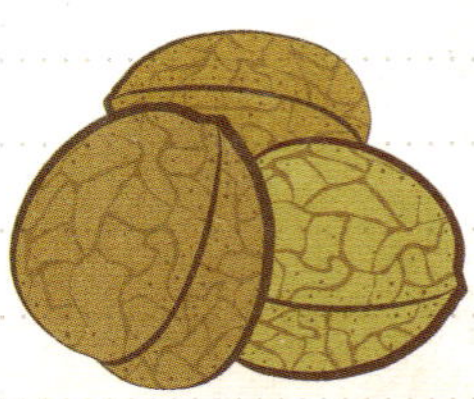

cantarela
gallinaccio

kurka
chanterelle
2x

PFIFFERLINGSPÄCKCHEN MIT SPINATKNÖDEL
UND GLASIERTEM PASTINAKEN-KAROTTEN-GEMÜSE

Pfifferlinge sind sehr eisenreich, deswegen wertvoll für Vegetarier und junge Mädchen. Man kann jede Menge davon essen, da sie kalorienarm sind. Aufwärmen sollte man Pilzgerichte nur, wenn sie sofort nach der Zubereitung im Kühlschrank aufbewahrt wurden. Da sie aus sehr viel Eiweiß bestehen und natürliche Bakterien enthalten, verderben sie an der Luft recht schnell. Die Abbauprodukte hiervon sind giftig. Pilze sind generell schlecht verdaulich und nichts für empfindliche Mägen, da ihre Zellmembran aus Chitin besteht, woraus z.B. auch Insektenpanzer bestehen.

PFIFFERLINGSRAGOUT

- 750 g Pfifferlinge
- 2 Zwiebeln
- 1 Knoblauchzehe
- 125 ml Gemüsebrühe
- 2 1/2 EL Zitronensaft
- 150 ml Sojasahne
- 1/2 TL geräuchertes Paprikapulver
- 2 Nelken
- 1 Lorbeerblatt
- 20 g Petersilie
- Salz
- frisch gemahlener Pfeffer
- Öl

PÄCKCHEN

- 2 Blätter Filoteig
- Salz
- Öl

SPINATKNÖDEL

- 125 g Spinat (tiefgekühlt)
- 1 Zwiebel
- 150 g Knödelbrot
- 130 ml Sojamilch
- 20 g Petersilie
- Salz
- frisch gemahlener Pfeffer
- frisch geriebene Muskatnuss
- Öl

GEMÜSE

- 4 Karotten
- 2 mittelgroße Pastinaken
- 1 TL Zucker
- Öl

1 Für die Knödel den Spinat über Nacht auftauen, leicht ausdrücken. Die Zwiebel schälen. Beides fein hacken. Die Zwiebel in Öl glasig anbraten, dann zum Spinat geben.

2 Knödelbrot mit etwas Salz, Pfeffer, Muskatnuss und 1 EL Öl mischen. Sojamilch leicht erwärmen und darübergießen. Die Zwiebel und den Spinat zugeben und alles vermengen. 30 min ziehen lassen.

3 Inzwischen für das Ragout die Pfifferlinge gut putzen. Zwiebeln und Knoblauch schälen, fein hacken und in Öl glasig braten. Die Pilze dazugeben und kurz mitbraten. Das geräucherte Paprikapulver darübergeben, mit Gemüsebrühe ablöschen. Zitronensaft, Sojasahne, Nelken und Lorbeerblatt dazugeben. Einige Minuten bei geringer Hitze garen, mit Salz und Pfeffer abschmecken.

4 Knödelteig mit der gehackten Petersilie mischen und abschmecken. Zu einer Rolle geformt in Frischhaltefolie, dann in Alufolie wickeln. 35 min in leicht kochendem Salzwasser gar ziehen, dann herausnehmen und auskühlen lassen.

5 Karotten und Pastinaken schälen, in Stifte schneiden und in Salzwasser bissfest garen. Gut abschrecken.

6 Den Backofen auf 180 °C vorheizen. Die Filoteigblätter vierteln. Vier Quadrate ausreichend mit Öl bestreichen, ganz leicht salzen und je eine zweite Teigplatte diagonal darauflegen, auch mit Öl bestreichen.

7 Einen gehäuften Esslöffel des Pfifferlingragouts in die Mitte setzen, die Seiten vorsichtig über der Füllung zusammenziehen und mit einem Zahnstocher fixieren. Die Päckchen im Backofen 10–15 min goldbraun backen.

8 Währenddessen den Spinatknödel in der Folie etwa 5 min im heißen Wasser erwärmen. Öl in einer Pfanne erhitzen, den Zucker darin schmelzen. Die Pastinaken und Karotten darin karamellisieren und gut durchschwenken.

9 Das übrige Ragout erwärmen. Die Knödel in Scheiben schneiden, mit der gehackten Petersilie bestreuen, mit dem Gemüse auf den Tellern anrichten. Etwas Ragout in die Mitte geben, das Päckchen darauf platzieren.

DER
WEGSCHWEMMER

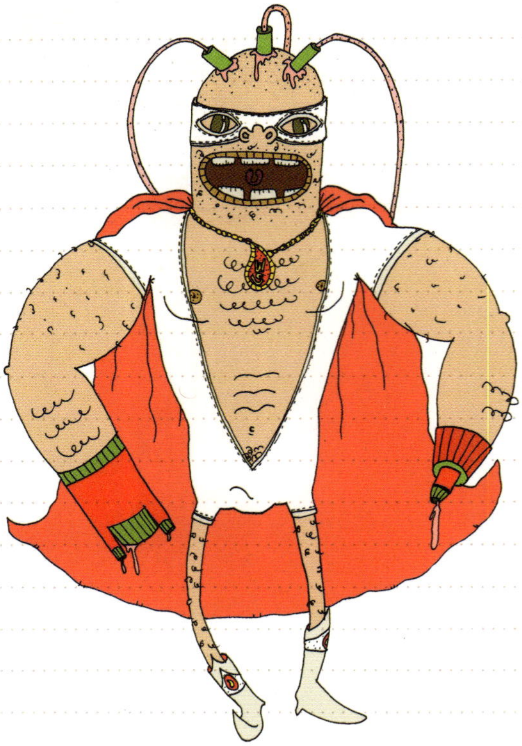

SPINAT-CRANBERRY-RISOTTO MIT PINIENKERNEN

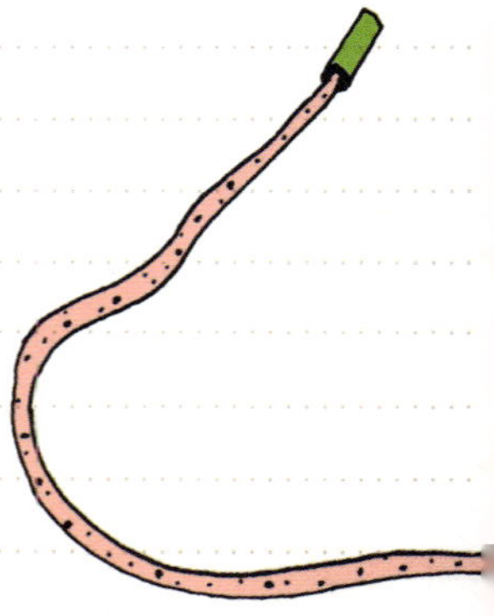

Cranberries beinhalten Stoffe, die anti-adhäsiv in den Harnwegen wirken. Dadurch werden Bakterien mit dem Urin aus dem Körper geschwemmt und können sich nicht an der Innenwand der Harnröhre festsetzen. Der Wegschwemmer steht genau hierfür. Der Superheld, aufgeladen mit Cranberrysaft gegen das Böse.

ZUTATEN

- 250 g Risottoreis
- 200 g Blattspinat (tiefgekühlt)
- 1 Zwiebel
- 1 Knoblauchzehe
- 100 ml Weißwein
- 1/2 l Gemüsebrühe
- 1/4 TL Misopaste
- 50 g Cranberries
- 50 ml Sojasahne
- 30 g Pinienkerne
- frisch geriebene Muskatnuss
- Salz
- frisch gemahlener Pfeffer
- Olivenöl

1 Den Spinat über Nacht oder im Wasserbad auftauen.

2 Die Zwiebel und den Knoblauch schälen und in etwas Öl glasig anbraten. Den Reis zufügen und kurz mitbraten, dann mit dem Weißwein ablöschen.

3 Die Misopaste in der warmen Gemüsebrühe auflösen. Den Risotto ständig rühren. Sobald die Flüssigkeit aufgesaugt ist, etwas Brühe hinzugeben. Diesen Vorgang über die ganze Garzeit von 20–25 min wiederholen.

4 Nach 15 min die Cranberries und die Sojasahne untermischen. Die Pinienkerne in einer Pfanne ohne Fett goldbraun anrösten und zum Risotto geben.

5 Wenn der Reis fast gar ist, den Spinat und eine Prise Muskatnuss einrühren. Weitergaren, bis der Risotto die Flüssigkeit aufgesaugt hat und cremig, aber bissfest ist.

6 Den Risotto nochmals kräftig mit Salz und Pfeffer abschmecken und sofort servieren.

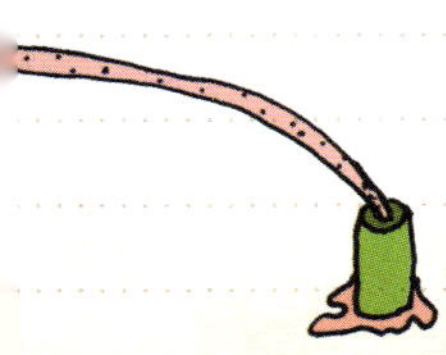

ITO

BURRITOS MIT SÜSSKARTOFFELN UND KIDNEYBOHNEN

Übersetzt bedeutet „Burro“ Esel, die Verniedlichung „Burrito“ heißt soviel wie kleiner Esel, Eselchen. Es wird gemutmaßt, dass die gerollten Decken, mit denen die Esel bepackt waren, der Weizenrolle den Namen gaben. Die andere Herleitung geht auf die lange Ohrform des Tieres zurück. Das typische Wrestlingkostüm und das traditionelle Muster weisen auf die mexikanische Herkunft des Gerichtes hin.

ZUTATEN

- 400 g Süßkartoffeln
- 2 Dosen Kidneybohnen (à 400 g)
- 2 Dosen Tomaten (à 400 g)
- 4 Knoblauchzehen
- 2 rote Zwiebeln
- 1 Stück Ingwer (etwa 1 cm)
- 2 Chilischoten
- 2 1/2 TL gemahlener Kreuzkümmel
- 1 TL Koriandersamen
- 1 TL geräuchertes Paprikapulver
- 1/2 TL Zucker
- 2 EL Essig
- 3 weiche Avocados
- 4 EL Limettensaft
- 3 Tomaten
- 2 Romanasalatherzen
- 8 Tortillas
- Salz
- frisch gemahlener Pfeffer
- Öl

1 Zwei der Knoblauchzehen, Zwiebeln und Ingwer schälen, hacken und in Öl glasig anbraten. Süßkartoffeln schälen und in Würfel schneiden. Die Chilischoten fein hacken und beides zu den Zwiebeln geben. Mit den Dosentomaten ablöschen.

2 2 TL Kreuzkümmel, Koriander, Paprikapulver, Zucker und Essig untermischen. 15 min bei geringer Hitze garen. Anschließend die Kidneybohnen abtropfen und dazugeben, dann garen, bis die Kartoffeln weich sind.

3 Währenddessen die Avocados schälen und mit einer Gabel fein zerdrücken, mit Limettensaft beträufeln und mit dem verbliebenen Kreuzkümmel mischen. Die beiden restlichen Knoblauchzehen schälen und hacken, Tomaten in kleine Würfel schneiden. Beides zur Avocadocreme geben. Mit Salz und Pfeffer abschmecken.

4 Salat in Streifen schneiden. Die Tortillas in der Pfanne kurz erhitzen. Jeweils die einzelnen Weizenfladen mit etwas Avocadocreme bestreichen und mit Salat bestreuen. Das heiße Bohnengemüse in die Mitte geben. Die Tortillas am Ende einklappen, damit der Inhalt nicht unten herausfällt, fest einrollen und mit etwas Acocadocreme servieren.

CORDON BLEU MIT ERBSENPÜREE

UND GLASIERTEN KAROTTEN

Cordon bleu, wörtlich „blaues Band". Ein geflügeltes Wort für gute Küche oder einen wahrhaft exzellenten Koch. Doch das blaue Band wurde ursprünglich im Mittelalter auch von einem französischen Ritterorden als hohe Auszeichnung verliehen. Und in der Schifffahrt war es ein Preis für die schnellste Atlantiküberfahrt. Das gefüllte Schnitzel kam vermutlich einst zu dem Zusatz „à la cordon bleu" als festliche Bezeichnung, jedoch ist nicht klar, auf welche dieser Wertschätzungen es sich bezieht. Bei aufmerksamem Betrachten kann man die Worte „blaues Band", „Gute Küche" und „Ritterorden" entdecken.

CORDON BLEU

- 200 g schmelzender Käseersatz
- 100 g veganer Aufschnitt
- 1 Dose weiße Bohnen (400 g)
- 1 Zwiebel
- 1 Knoblauchzehe
- 125 g Gluten
- 70 g Paniermehl
- 100 ml Gemüsebrühe
- 1 TL Bohnenkraut
- 1 TL Thymian
- 1 TL geräuchertes Paprikapulver
- 1/2 TL abgeriebene Zitronenschale
- 1 TL Salz
- 1 TL frisch gemahlener Pfeffer
- Öl

PANADE

- Paniermehl
- 150 g Mehl
- 200 ml Wasser
- 1 1/2 TL Salz
- frisch gemahlener Pfeffer

BEILAGEN

- 250 g Babykarotten
- 450 g Erbsen (tiefgekühlt)
- 250 ml Gemüsebrühe
- 1 TL Zucker
- Salz
- frisch gemahlener Pfeffer
- Öl

1 Die weißen Bohnen abspülen und abtropfen. Die Zwiebel und den Knoblauch schälen, fein hacken und in Öl glasig anbraten. Alles zusammen in einen Mixer geben. Gemüsebrühe, Kräuter, Gewürze, Zitronenschale und Öl zufügen und zu einer feinen Masse pürieren.

2 Das Gluten mit dem Paniermehl mischen und zum Püree geben. Gut durchkneten, in vier Stücke teilen und zu etwa 2 cm dicken Seitanschnitzeln formen. 20 min ruhen lassen.

3 Währenddessen die Karotten in gesalzenem Wasser bissfest garen, 50 ml des Kochwassers auffangen und das Gemüse gut abschrecken. Beiseite stellen.

4 Den Käseersatz in dickere Scheiben schneiden. In die Seitanstücke nun vorsichtig möglichst große Taschen schneiden, ohne sie zu durchtrennen. Mit einer Lage Käse und einer Lage Aufschnitt füllen. Das Ende gut zudrücken.

5 Den Backofen auf 100 °C vorheizen. Das Paniermehl mit 1/2 TL Salz in eine flache Schale geben. Mehl, Wasser und 1 TL Salz gut vermengen, etwas frisch gemahlenen Pfeffer beifügen und in eine zweite Schale geben. Das Cordon bleu beidseitig zuerst in der Mehlmasse, dann im Paniermehl wenden.

6 Öl in einer Pfanne erhitzen. Die Schnitzel bei mittlerer Hitze von beiden Seiten je etwa 5 min anbraten. Zum Warmhalten in den Ofen geben.

7 Die Erbsen in der heißen Gemüsebrühe 10 min garen, abgießen und die Garflüssigkeit auffangen. Erbsen nun sehr fein pürieren und je nach Festigkeit noch etwas Kochsud zufügen. Mit Salz und Pfeffer abschmecken.

8 In einer Pfanne Öl erhitzen, die Karotten dazugeben und mit Zucker bestreuen, etwas vom Kochwasser zugießen und einige Minuten gut schwenken. Das Erbsenpüree nochmals erhitzen und mithilfe eines Servierrings auf die Teller geben, die glasierten Babykarotten darum herum anrichten und zusammen mit dem Cordon bleu servieren.

RÖSTI MIT SPARGEL-MORCHEL-RAGOUT

Ein Großteil der Morcheln wird direkt nach der Ernte vor Ort im Wald geräuchert, um sie von Ungeziefer zu befreien und haltbarer zu machen. Die Morchel an sich besitzt also keinen Rauchgeschmack. Durch den Räucherprozess wird viel Zeit und somit für die Hersteller auch viel Geld gespart. Einige wenige verzichten auf diese Behandlung und zeichnen ihre Morcheln extra mit dem Verweis aus, dass sie nicht geräuchert wurden.

RAGOUT

- 250 g weißer Spargel
- 250 g grüner Spargel
- 100 g Kirschtomaten
- 20 g Morcheln
- 2 Schalotten
- 60 ml trockener Sherry
- 200 ml Sojasahne
- 1/2 TL Instant-Gemüsebrühe
- 1 Prise Zucker
- Zitronensaft
- Salz
- frisch gemahlener Pfeffer
- frisch geriebene Muskatnuss
- Öl

RÖSTI

- 1 kg festkochende Kartoffeln
- 1 EL Mehl
- Salz
- frisch gemahlener Pfeffer
- frisch geriebene Muskatnuss
- Öl

1 Die Morcheln nach Packungsangabe einweichen.

2 Den weißen Spargel schälen und mit Küchengarn zu einem Bündel schnüren. Den grünen Spargel ungeschält ebenfalls bündeln. Die Spargel zusammen mit den Schalen, dem Zucker und etwas Zitronensaft in Salzwasser sehr bissfest garen. 200 ml des Kochwassers aufbewahren. Spargel sehr kalt abschrecken, damit die Farbe erhalten bleibt. Schräg in mundgerechte Stücke schneiden.

3 Die Schalotten schälen, fein hacken und in Öl glasig anbraten. Die Morcheln abgießen, etwas vom Einweichsud auffangen. Die Schalotten mit Sherry und 50 ml des Einweichsuds ablöschen. Sojasahne, Spargelkochwasser und die Gemüsebrühe einrühren und alles fein pürieren. Die Pilze zugeben und 10 min bei geringer Hitze ziehen lassen.

4 Den Spargel untermischen und mit Salz, Pfeffer und Muskatnuss gut abschmecken. Weitere 10 min bei geringer Hitze garen. Kirschtomaten teilen und in den Topf geben.

5 Kartoffeln reiben, leicht salzen, kurz ziehen lassen, dann fest ausdrücken und das Mehl dazugeben, mit Salz, Pfeffer und Muskat abschmecken. Backofen auf 100 °C vorheizen. Kartoffelteig vierteln. Öl in einer Pfanne erhitzen und je eine Portion Teig darin flach drücken, beidseitig golden braten. Im Backofen warm halten. Die Rösti auf die Teller verteilen und das Ragout darübergeben, sofort servieren.

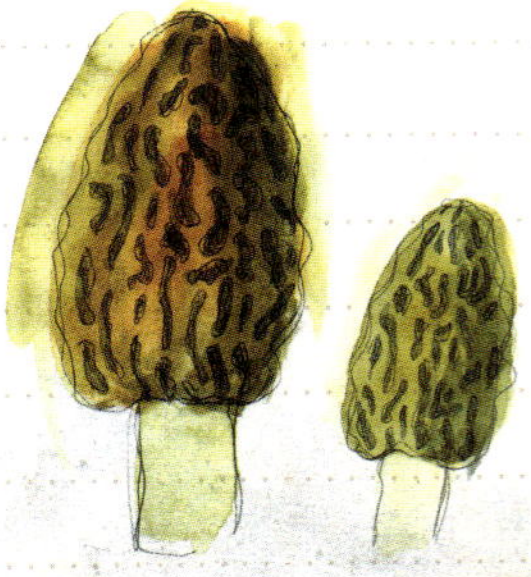

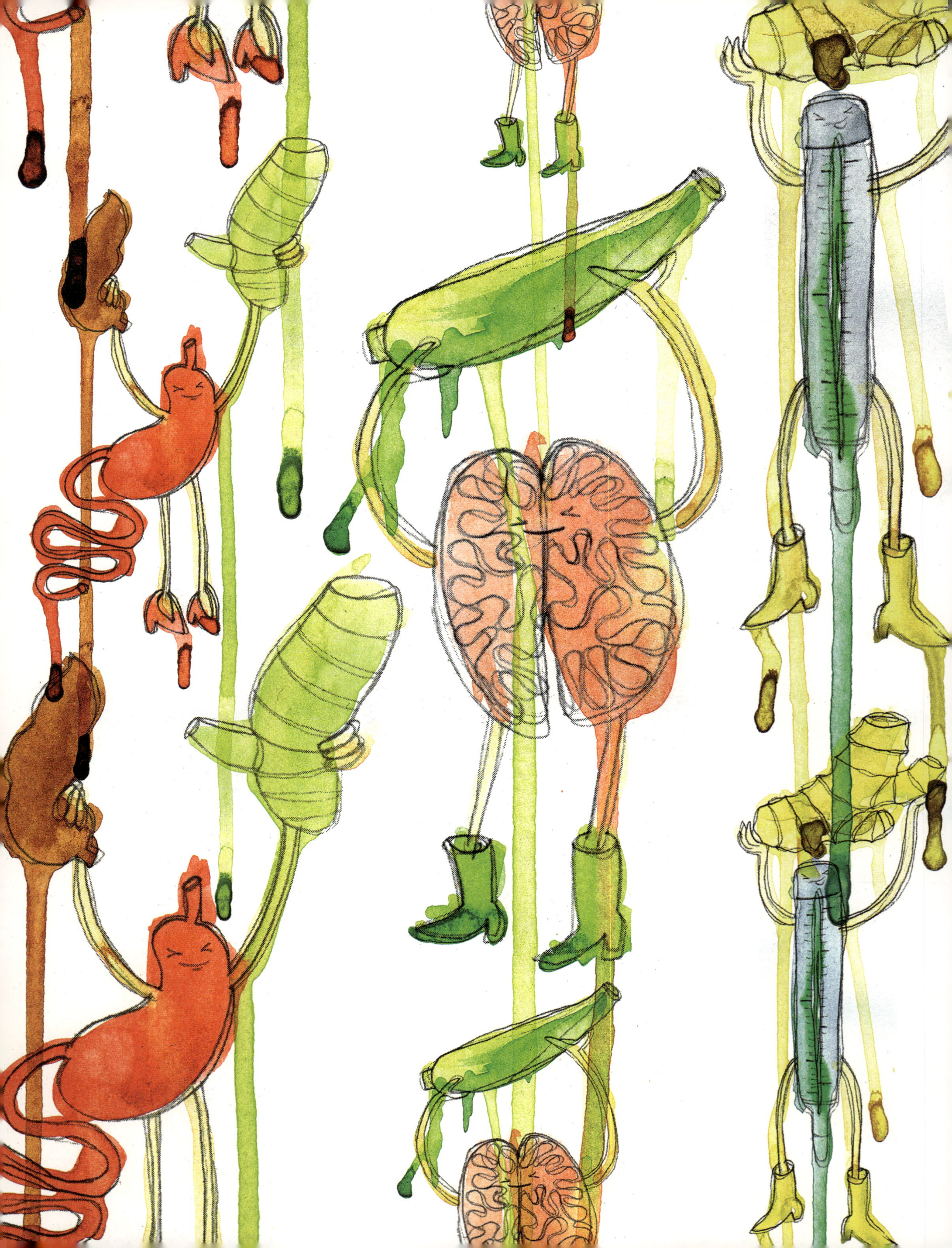

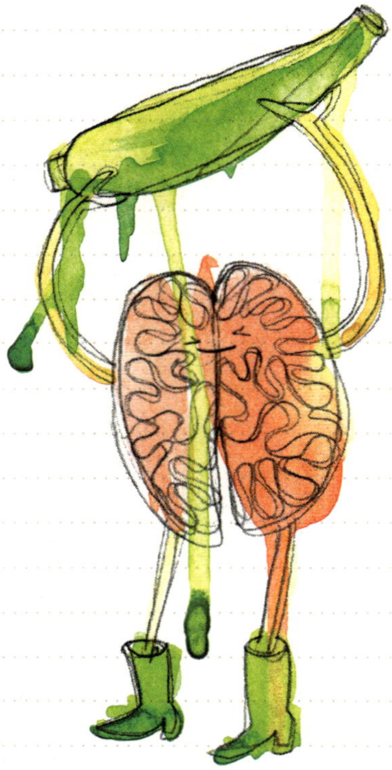

THAI-CURRY MIT ANANAS UND ROTER PAPRIKA

Nahezu alle Gewürze und Kräuter haben einen positiven Effekt auf die Gesundheit des Menschen. Chili beispielsweise wirkt schleimlösend und sorgt so für eine schnelle Bakterienausschwemmung. Zitronengras soll anregend auf das Denkvermögen wirken. Limettenblätter dienen der Mundhygiene, daher reibt man sich die Zähne in Thailand mit den Blättern ab. Ingwer wirkt antibakteriell und entzündungshemmend und mit Galgant und Tamarinde tut man dem Magen und Darm etwas Gutes.

ZUTATEN

- 400 g Basmati- oder Jasminreis
- 1 Ananas
- 3 rote Paprika
- 1 Zwiebel
- 1 Knoblauchzehe
- 1 rote Chilischote
- 1 TL gelbe Currypaste
- 1 TL rote Currypaste
- 400 ml Kokosmilch
- 1 Stange Zitronengras
- 1 Stück Ingwer (etwa 2 cm)
- 1 Stück Galgant (etwa 2 cm)
- 4 Kaffir-Limettenblätter
- 50 g Thai-Basilikum
- 250 ml Gemüsebrühe
- Zitronensaft
- Salz
- Öl

1 Die Ananas schälen, vom Strunk befreien und in mundgerechte Stücke schneiden. Die Paprika etwas großzügiger zerteilen. Zwiebel und Knoblauch schälen, fein hacken und in Öl glasig anbraten.

2 Die Chilischote sehr fein würfeln, mit den Currypasten in den Topf geben und mitbraten. Das Gemüse und die Ananas ebenfalls kurz mit den Gewürzen anbraten, dann mit Kokosmilch ablöschen. Zitronengras, Ingwer und Galgant grob hacken, mit den Limettenblättern in ein Gewürz-Ei geben oder fein hacken und lose mitkochen.

3 Die Gemüsebrühe zum Curry geben. Etwa 15 min bei geringer Hitze garen, bis die Paprikastücke bissfest sind. Mit Zitronensaft und Salz abschmecken.

4 Währenddessen den Reis ohne Salz im Kocher oder im Topf mit der doppelten Menge Wasser zubereiten. Die Blätter des Thai-Basilikums ins Curry zupfen und 2–3 min mitgaren. Den Reis mithilfe eines Servierrings auf den Tellern anrichten. Jeweils eine Schöpfkelle Curry dazugeben.

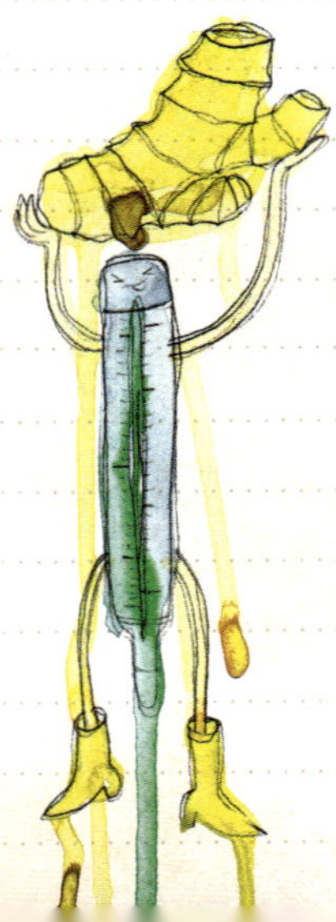

DR. NITRAT

MR. NITRIT

SPINATGNOCCHI IN THYMIAN-ZITRONEN-SCHAUM

Spinat enthält von Natur aus Nitrat in unbedenklichen Mengen. Die Warnung vor aufgewärmtem Spinat bezieht sich auf die bakterielle Umwandlung von Nitrat in Nitrit, das für den Menschen toxisch sein kann. Wird ein Spinatgericht im Kühlschrank aufbewahrt, kann man es bedenkenlos am nächsten Tag wieder erhitzen. Die Umwandlung beginnt bei guter Kühlung erst am zweiten Tag. Bei Zimmertemperatur gelagerte Spinat-Speisen sollten gar nicht mehr gegessen werden. Säuglinge vor dem 6. Monat sollten keinen Spinat essen, da ihnen ein Enzym fehlt, das die blockierende Wirkung von Nitrit auf den Sauerstofftransport im Blut wieder rückgängig macht.

SPINATGNOCCHI

- **500 g mehlig kochende Kartoffeln**
- **200 g Spinat (tiefgekühlt)**
- **2 EL Öl**
- **130 g Mehl**
- **2 EL Sojamehl**
- **1 EL Stärke**
- **1 1/2 TL Salz**
- **frisch gemahlener Pfeffer**
- **frisch geriebene Muskatnuss**

THYMIAN-ZITRONEN-SCHAUM

- **1 Knoblauchzehe**
- **150 ml Sojasahne**
- **1 TL rein pflanzliche Margarine**
- **1/2 TL Thymian**
- **1/2 TL abgeriebene Zitronenschale**
- **1 Prise Zucker**
- **1/2 TL Salz**
- **frisch gemahlener Pfeffer**

1 Den Spinat über Nacht oder im Wasserbad auftauen.

2 Die Kartoffeln schälen, in Würfel schneiden und in gesalzenem Wasser weich kochen. Abgießen und auskühlen lassen. Spinat gut ausdrücken und fein hacken. Öl mit den Kartoffeln vermengen und durch eine Presse geben oder gut stampfen. Spinat, Mehl, Sojamehl, Stärke, Salz, Pfeffer und Muskatnuss zufügen, alles gut in den Teig einarbeiten.

3 Teig in mehrere Stränge von etwa 1,5 cm Durchmesser rollen und in 1 cm lange Stücke schneiden, mit den Zinken einer Gabel die Oberseite einkerben. Wasser in einem Topf aufkochen und salzen, es sollte leicht sprudeln. Die Gnocchi nach und nach ins Wasser geben, abschöpfen, sobald sie aufsteigen, und auf eine bemehlte oder gut geölte Fläche legen, damit sie nicht zusammenkleben.

4 Die Knoblauchzehe schälen und halbieren, mit der Schnittkante den Topfboden ausreiben. Die Sojasahne mit der Margarine, dem Thymian, der Zitronenschale, dem Zucker und dem Salz in einem Topf erhitzen, vom Herd nehmen und 10 min ziehen lassen. Die Sauce nochmals erhitzen und mit Salz und Pfeffer abschmecken.

5 Gnocchi in der Pfanne mit Öl und einer Prise Salz etwa 2 min schwenken, dann auf die Teller geben. Die Thymian-Zitronen-Sahne direkt vor dem Servieren in einem hohen Gefäß pürieren, bis der Thymian zerkleinert ist und eine schaumige Sauce entsteht. Sofort über die Gnocchi geben und anrichten.

WAS GALLE UND LEBER ANTREIBT

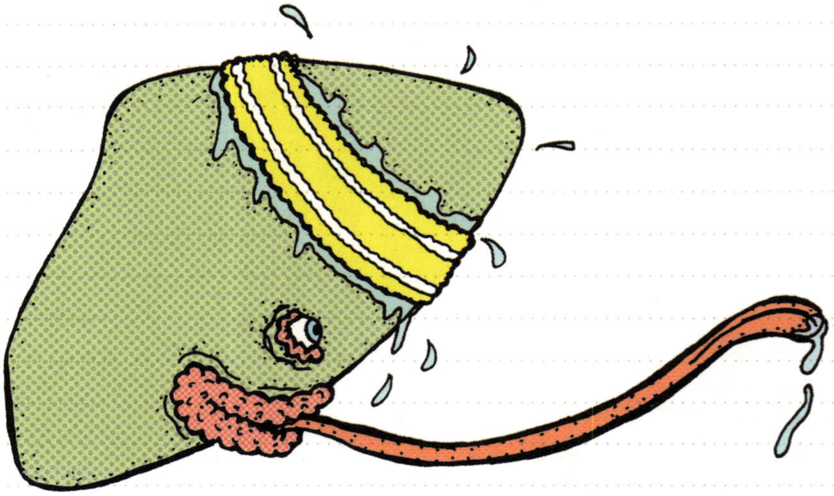

SPINATRAVIOLI MIT ARTISCHOCKEN-RÄUCHERTOFU-FÜLLUNG

Der in Artischocken enthaltene Bitterstoff Cynarin regt den Stoffwechsel von Leber und Galle an. Dadurch wird der Gallenfluss gefördert, so kann beispielsweise der Bildung von Gallensteinen entgegengewirkt werden. Das bedeutet, die Artischocke treibt Leber und Galle an wie die Karotte an der Angel den Esel.

SPINATRAVIOLI

- 150 g frischer Spinat
- 400 g Hartweizengrieß
- 150 ml Wasser
- 2 EL Olivenöl
- 1 TL Salz

SALBEIÖL

- 500 g Kirschtomaten, halbiert
- 1 Bund Salbei
- 1/4 TL Salz
- frisch gemahlener Pfeffer
- Olivenöl

FÜLLUNG

- 1 Zwiebel
- 2 Knoblauchzehen
- 500 g eingelegte Artischocken
- 100 g Räuchertofu
- 3 EL Sojasahne
- 1 EL Paniermehl
- Salz
- frisch gemahlener Pfeffer

1 Für den Teig den Spinat mit Wasser und Öl pürieren, mit Hartweizengrieß und Salz in einer Schüssel verrühren. 5 min gut durchkneten, bis der Teig geschmeidig wird. Anschließend 1 Stunde ruhen lassen.

2 Für die Füllung Zwiebel und Knoblauch schälen, hacken und in einer Pfanne glasig anbraten. Artischocken und Räuchertofu in der Küchenmaschine mittelfein hacken und in der Pfanne miterhitzen. Sojasahne und Paniermehl untermengen und mit Salz und Pfeffer abschmecken.

3 Den Ravioliteig durch eine Nudelmaschine geben oder etwa 2 mm dick rechteckig ausrollen. Die Teigplatte längs halbieren. Je einen Löffel der Füllung im Abstand von etwa 5 cm auf einer Hälfte verteilen, dabei den Rand und die Zwischenräume mit etwas Wasser bestreichen. Die zweite Teigplatte darüberlegen, Rand und Zwischenräume gut andrücken und die einzelnen Ravioli ausschneiden. Auf einer gut bemehlten Fläche beiseite stellen. Man kann sie auch über Nacht zugedeckt trocknen lassen.

4 Frische Ravioli in Salzwasser garen, bis sie aufsteigen, über Nacht getrocknete Ravioli 3–4 min garen.

5 Salbei in einer Pfanne mit ausreichend Öl anrösten, die halbierten Kirschtomaten dazugeben, kurz miterhitzen, leicht salzen. Nun die Ravioli darin schwenken, dann auf die Teller verteilen und Pfeffer grob darübermahlen.

GALLE UND LEBER

MEHL

SEITANSTEAK MIT GNOCCHI UND PESTO ROSSO

Seitan besteht aus Weizeneiweiß und wird aus Mehl hergestellt. Hierzu wird aus Mehl und Wasser ein Teig geknetet, der anschließend unter fließendem Wasser so lange ausgewaschen wird, bis die Stärke ausgeschwemmt ist und nur noch das Weizeneiweiß, das sogenannte Gluten, übrig bleibt. Dieser zähe Teig muss gewürzt und in kräftiger Gemüsebrühe gekocht werden. Danach kann der Seitan vielfältig verwendet werden, ob kross gebraten oder als Fleischalternative in Eintöpfen und Ragouts.

STEAKS

- 1 große Zwiebel
- 2 Knoblauchzehen
- 50 ml Tomatensaft
- 3 TL Sojasauce
- 2 EL Öl
- 1 EL Tomatenmark
- 2 EL geräuchertes Paprikapulver
- 1 1/2 TL Salz
- 200 g Gluten
- 2 l kräftige Gemüsebrühe

MARINADE

- 2 Knoblauchzehen
- 2 EL Tomatenmark
- 1 EL geräuchertes Paprikapulver
- 1 EL Sojasauce
- 7 EL Öl
- 1 EL mittelscharfer Senf
- 1/2 TL Salz

GNOCCHI

- 500 g mehlig kochende Kartoffeln
- 100 g Mehl
- 2 EL Sojamehl
- 1 EL Wasser
- 1/2 TL Salz
- Olivenöl

PESTO ROSSO

- 20 g getrocknete Tomaten
- 15 g Pinienkerne
- 1/4 Bund Basilikum
- 50 ml Öl
- 1 Knoblauchzehe
- 2 schwarze Oliven, entsteint
- 1 Chilischote
- Salz
- frisch gemahlener Pfeffer

1 Für die Steaks in einer Küchenmaschine die geschälte Zwiebel und die Knoblauchzehen mit allen Zutaten außer dem Gluten und der Gemüsebrühe pürieren. Die Masse mit dem Gluten verkneten, länglich formen. In Scheiben schneiden und diese in der heißen Gemüsebrühe garen, bis sie aufsteigen. Gut abtropfen und vorsichtig ausdrücken.

2 Den Knoblauch hacken. Alle Zutaten für die Marinade mischen. Die Steaks damit einreiben und in einen Gefrierbeutel geben. Im Kühlschrank ziehen lassen.

3 Für die Gnocchi die Kartoffeln schälen, würfeln und in Salzwasser weich kochen. Abgießen und auskühlen lassen. 1 EL Öl dazugeben und durch eine Presse drücken. Mehl, Sojamehl, Wasser und Salz zufügen, gut durchkneten.

4 Den Teig in mehrere Stränge von etwa 1,5 cm Durchmesser rollen und in 1 cm lange Stücke schneiden. Die Oberseite mit den Zinken einer Gabel einkerben.

5 Wasser in einem Topf aufkochen und salzen, es sollte leicht sprudeln. Die Gnocchi nach und nach ins Wasser gleiten lassen und abschöpfen, sobald sie aufsteigen. Anschließend auf eine bemehlte oder geölte Fläche geben.

6 Für das Pesto die getrockneten Tomaten mit kochendem Wasser übergießen und 20 min ziehen lassen. Die Pinienkerne ohne Fett goldbraun rösten. Das Basilikum mit Öl und allen übrigen Zutaten im Mixer zu einer leicht sämigen Masse verarbeiten. Mit Salz und Pfeffer abschmecken. Je nach Konsistenz noch Öl zugeben.

7 Den Backofen auf 140 °C vorheizen. Ausreichend Öl in einer Pfanne erhitzen und die Steaks von beiden Seiten bei mittlerer Hitze einige Minuten anbraten. Danach im Backofen 20 min fertig garen.

8 Die Gnocchi mit Öl in der Pfanne schwenken, mit Pesto beträufeln und mit den Steaks servieren.

horapa

krapao
Manglak

THAILÄNDISCHE REISNUDELN MIT SPARGEL

Es gibt in der Regel drei verschiedene Arten von Thai-Basilikum auf dem Markt: Horapa, Manglak und Krapao. Manglak wird aufgrund seines intensiven Aromas auch Zitronenbasilikum genannt. Die Blätter sind rund und haben kaum Struktur. Horapa ist das süße Basilikum, seine Blätter haben eine deutliche Struktur, die Blattkanten sind jedoch glatt. Zuletzt gibt es noch Krapao, das „heilige" Basilikum, erkennbar an seinen stark gezackten Blatträndern und einer leichten Blattstruktur.

REISNUDELN

- 400 g breite Reisnudeln
- 500 g Thaispargel
- 6 Schalotten
- 6 Knoblauchzehen
- 4 rote und grüne Chilischoten
- 5 Thai-Basilikumzweige
- 3 EL Sojasauce
- 2 EL Zitronensaft
- Salz
- Öl

TOFU MARINIERT

- 250 g fester Tofu
- 2 EL Öl
- 2 EL Hoisinsauce oder Sojasauce
- 8 EL Sate-Gewürz

1 Für die Marinade das Öl mit der Hoisinsauce und dem Sate-Gewürz verquirlen. Statt der Hoisinsauce kann auch Sojasauce verwendet werden, die mit 1/4 TL Zucker vermischt wird. Den Tofu in 1 cm dicke Streifen schneiden und in der Marinade über Nacht im Kühlschrank ziehen lassen.

2 Die Reisnudeln 10 min in heißem Wasser einweichen, anschließend abgießen und beiseite stellen.

3 Die Schalotten und den Knoblauch schälen und fein hacken. Die Chilischoten in feine Ringe schneiden.

4 Den Spargel ungeschält schräg in 2 cm große Stücke schneiden. Mit der Chili-Knoblauch-Schalotten-Mischung und dem Tofu im Wok mit Öl scharf anbraten. Sojasauce und Zitronensaft dazugeben und salzen.

5 Wenn der Spargel bissfest ist, die Reisnudeln daruntergeben und etwa 2 min mitschwenken.

6 Kurz vor dem Servieren das Thai-Basilikum grob hacken und unterheben, nur kurz miterhitzen. Nochmals mit Salz abschmecken, in die Teller geben und servieren.

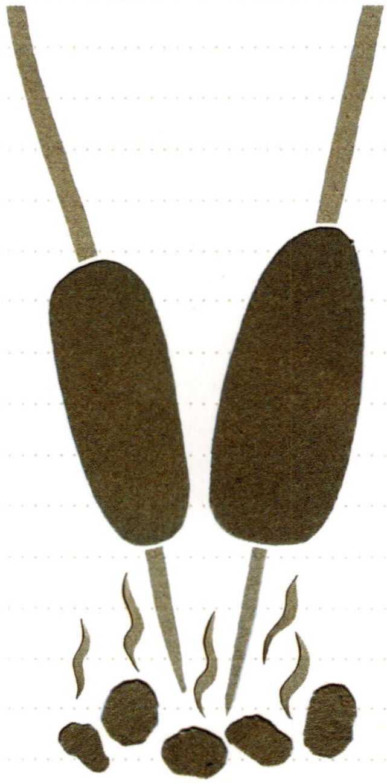

TANDOORI-SPIESSE MIT RAITA UND NAAN

Die Bezeichnung Tandoori ist eine Herleitung aus dem Wort Tandur. Dies ist ein Lehmofen, in dem Chapati- oder Naanbrote an der heißen Außenwand gebacken werden. Der Ofen ist traditionell in die Erde eingegraben, auf dem Grund liegen die heißen Kohlen. Daher steckt man Fleisch, das im Ofen gegart wird, auf Spieße, damit es nicht mit dem Feuer in Kontakt kommt und verbrennt.

RAITA

- 1 Salatgurke
- 2 Tomaten
- 1 Zweig frische Minze
- 500 g Sojajoghurt
- 3 EL Zitronensaft
- 1 EL gemahlener Kreuzkümmel
- Salz
- frisch gemahlener Pfeffer

NAAN

- 1 TL Trockenhefe
- 1 TL Zucker
- 75 ml lauwarmes Wasser
- 250 g Mehl
- 3/4 TL Backpulver
- 1/2 TL Salz
- 1 EL Öl
- 3 EL Sojajoghurt
- 3 EL rein pflanzliche Margarine

TANDOORI-SPIESSE (16 STÜCK)

- 1 große Zwiebel
- 2 Knoblauchzehen
- 200 ml Tomatensaft
- 50 g Tandoori Masala
- 30 ml Wasser
- 225 g Gluten
- 1 TL Salz
- Öl
- 16 Holzspieße

MARINADE

- 25 g Tandoori Masala
- 1 EL Öl
- 1 EL Sojajoghurt
- 1/2 TL Salz

1 Für die Joghurtsauce Raita die Gurke und die Tomaten in kleine Stücke schneiden. Die Minzeblätter fein hacken. Gemüse, Joghurt, Zitronensaft und Kreuzkümmel mischen. Mit Salz und Pfeffer abschmecken, ziehen lassen.

2 Für das Naan die Trockenhefe und den Zucker in das lauwarme Wasser einrühren und 15 min ruhen lassen. Anschließend Mehl, Backpulver und Salz in eine Schüssel geben. Eine Vertiefung in die Mitte drücken. Hefemischung, Öl und Sojajoghurt hineingeben. Gut verkneten und zugedeckt an einem warmen Ort 1 Stunde gehen lassen.

3 Inzwischen für die Spieße Zwiebel und Knoblauch schälen und in Öl anbraten. Zusammen mit Tomatensaft, Tandoori Masala und Wasser in einer Küchenmaschine fein pürieren. Gluten und Salz in eine Schüssel geben, mit der pürierten Masse gut verkneten.

4 Für die Marinade Tandoori Masala, Öl, Sojajoghurt und Salz mischen. Den Backofen auf 120 °C vorheizen.

5 Je eine kleine Handvoll des Teiges wurstähnlich formen und auf einen Holzspieß stecken, gut mit der Marinade bestreichen. Nach und nach in der Pfanne von allen Seiten anbraten. Dann für 20 min bei 120 °C im Ofen garen.

6 Den Backofen nun auf 250 °C aufheizen. Den Naan-Teig nach dem Gehen nochmals gut durchkneten und in zehn Stücke teilen. Die Bällchen mit der Hand flach drücken und zu etwa 20 cm großen Fladen formen. Der Rand sollte dicker und die Mitte flach sein.

7 Die Brote auf ein mit Backpapier ausgelegtes Blech legen und einige Minuten backen, bis sie aufgehen und braune Flecken bekommen. Mit geschmolzener Margarine bestreichen und nochmals kurz unter dem Grill rösten.

8 Die Spieße während der Backzeit des Brotes auf einem zweiten Backblech auf der untersten Schiene miterhitzen. Das fertige Naan in Alufolie warm halten, bis die Spieße heiß sind, dann mit Raita zusammen servieren.

Antistress

TÜRKISCHE KOHLROULADEN

Weißkohl enthält eine beachtliche Menge an Folsäure. Diese wirkt sich positiv auf ein sensibles Nervenkostüm aus, denn Folsäure spielt eine wichtige Rolle für den Nervenstoffwechsel im Gehirn und sorgt so für leichteren Abbau von Stress.

ROULADEN

- 1 Weißkohl
- 2 Zwiebeln
- 2 Knoblauchzehen
- 2 Dosen Tomaten (à 400 g)
- 250 g Bulgur
- 100 ml Gemüsebrühe
- 3 TL gemahlener Kreuzkümmel
- 3 TL Salz
- frisch gemahlener Pfeffer
- Öl

BEILAGEN

- 500 g Fladenbrot
- 500 g Sojajoghurt
- 1 Knoblauchzehe
- 2 EL Zitronensaft
- 1/2 TL gemahlener Kreuzkümmel
- Salz
- frisch gemahlener Pfeffer

SEITANHACK

- 120 g Gluten
- 1 Zwiebel
- 1 Knoblauchzehe
- 150 ml Gemüsebrühe
- 1 Chilischote
- 2 EL Tomatenmark
- 3 TL Sojasauce
- 2 EL Paprikapulver
- 1 TL Salz
- 1/2 TL Pfeffer
- Öl

1 Für die Joghurtsauce den Knoblauch schälen, sehr fein hacken und mit dem Sojajoghurt mischen. Zitronensaft und Kreuzkümmel dazugeben und mit Salz und Pfeffer abschmecken. Anschließend kalt stellen.

2 Für das Hack Zwiebel und Knoblauch schälen, hacken und in Öl anbraten. Mit Gemüsebrühe, Chilischote, Tomatenmark, Sojasauce, Paprikapulver, Salz und Pfeffer pürieren. Zum Gluten geben, einige Minuten gut verkneten.

3 Den Teig in Scheiben schneiden und diese in gesalzenem Wasser garen, bis sie aufsteigen. Anschließend abtropfen lassen und im Mixer grob hacken. In der Pfanne mit Öl nach und nach anbraten. Beiseite stellen.

4 Für die Rouladen Zwiebeln und Knoblauch schälen und mit Öl in einem Topf anbraten. Dosentomaten, Gemüsebrühe, Kreuzkümmel, Salz und Pfeffer dazugeben. Mit dem Bulgur vermengen und bei geringer Hitze quellen lassen, bis er einen angenehm festen Biss hat. Das Seitanhack untermischen und nochmals mit Salz, Pfeffer und Kreuzkümmel abschmecken. Die Füllung abkühlen lassen.

5 Den Strunk aus den Kohlblättern schneiden, dann diese in leicht gesalzenem Wasser kurz blanchieren, damit sie geschmeidiger werden. Gestapelt auskühlen lassen.

6 Die Seitan-Bulgur-Füllung auf dem unteren Ende des Blattes verteilen, die Seiten einschlagen und nach oben aufrollen. Mit der offenen Seite nach unten auf ein mit Backpapier ausgelegtes Backblech legen.

7 Die Röllchen bei 180 °C 20 min backen, bis sie oben braune Stellen bekommen. Eventuell noch unter dem Grill rösten. Das Fladenbrot die letzten 10 min mitbacken. Kohlrouladen mit dem Joghurtdip und Fladenbrot servieren.

DES

SERTS

DESSERT
AFTERS
DOLCE

EFTERÄTT
POSTRE

KÖNIG
GUS
TAV
I

KAFFEEGELEE AUF VANILLEECKEN

König Gustav III. von Schweden verurteilte zwei seiner Gefangenen auf ungewöhnliche Weise zum Tode. Statt sie hinzurichten, verdonnerte er den einen dazu, täglich Kaffee zu trinken, den anderen zu täglichem Teegenuss. Damit wollte er beweisen, dass die beiden Genussmittel giftig sind und zu baldigem Tode führen. Der Legende nach überlebten die beiden Gefangenen sowohl ihre Ärzte als auch ihren König um viele Jahre.

ZUTATEN

- **550 ml Kaffee**
- **2 Pck. Vanillezucker**
- **6 EL Zucker**
- **1/2 TL Zimt**
- **2 Kardamomkapseln**
- **1 Sternanis**
- **2 Pck. Agar-Agar**
- **300 ml Sojamilch**
- **150 ml Sojasahne**

1 Den Kaffee mit einer Packung Vanillezucker, 4 EL Zucker, Zimt, Kardamom und Sternanis im geschlossenen Topf 10 min kochen.

2 Die Gewürze herausnehmen und eine Packung Agar-Agar gut einrühren. Mindestens 2 min kochen lassen, damit der Geliereffekt einsetzen kann.

3 Eine Kastenform mit Klarsichtfolie auslegen und den Kaffee hineingießen. Etwas abkühlen lassen und dann für einige Stunden kalt stellen.

4 Die Sojamilch mit der Sojasahne aufkochen, den restlichen Zucker sowie die zweite Packung Vanillezucker und Agar-Agar einrühren. 2 min kochen.

5 Eine flache Form (etwa 15 × 18 cm) mit Folie auskleiden und die Milch hineingießen. Abkühlen lassen und kalt stellen.

6 Das Milch- und Kaffeegelee in Quadrate verschiedener Größe schneiden. Auf den Tellern einige große Milchecken verteilen und darauf die Kaffeequadrate setzen, einige kleinere Würfel außen herum geben und servieren.

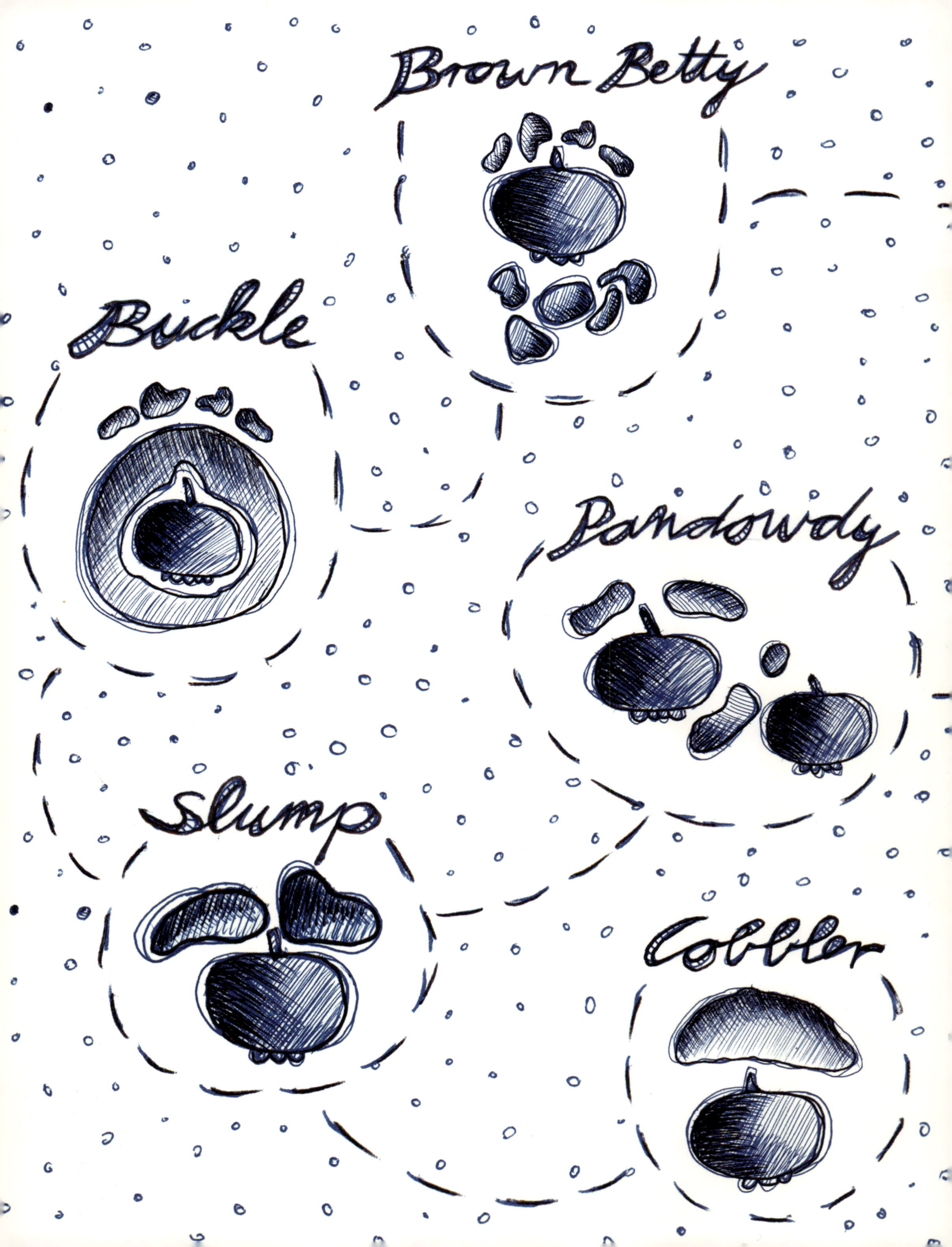
Brown Betty
Buckle
Pandowdy
Slump
Cobbler

Sonker
Crisp
Crumble

BEEREN-CRUMBLE

Ein Crumble ist ein Dessert aus wenigen und simplen Zutaten. Seine Entstehungsgeschichte geht mutmaßlich auf die Küche während des Zweiten Weltkrieges zurück. Aus Mangel an Zutaten für einen Kuchen wurde diese reduzierte Form erfunden. Das schlichte Grundprinzip gilt für etliche Desserts, die sich nur durch minimale Änderungen unterscheiden. Die Illustration greift die neun bekanntesten auf und beschreibt deren Aufbau und Reihenfolge von Frucht und Teiganteilen.

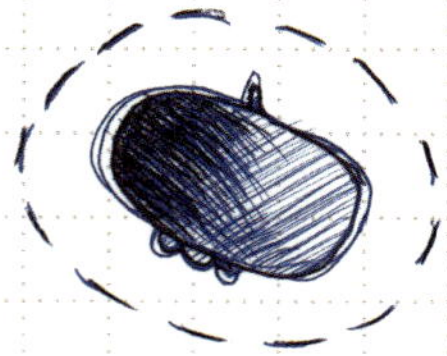

ZUTATEN

- **800 g Beerenmischung (tiefgekühlt)**
- **4 EL rein pflanzliche Margarine**
- **2 Pck. Vanillezucker**
- **5 EL Zucker**
- **6 EL Mehl**
- **3 EL gemahlene Mandeln**
- **3 EL Mandelsplitter**
- **2 EL Puderzucker**

1 Die Beerenmischung über Nacht oder im Wasserbad auftauen und gut abtropfen lassen.

2 Vier feuerfeste Förmchen mit etwas Margarine einfetten.

3 Die Beeren gleichmäßig in den Förmchen verteilen und mit einer Packung Vanillezucker und 1 EL Zucker bestreuen. Den Backofen auf 200 °C vorheizen.

4 Inzwischen das Mehl mit der restlichen Margarine, 4 EL Zucker, den Mandeln und dem zweiten Vanillezucker verkneten, grob zerkrümeln und über die Beeren geben.

5 Die Mandelsplitter darüberstreuen und 15 min backen. Zum Schluss den Puderzucker über die Crumbles sieben und unter dem Grill karamellisieren.

CRÈME CARAMEL

Zucker beginnt bei einer Temperatur um die 135 °C zu schmelzen. Bei ungefähr 150 °C ist der Zucker goldbraun karamellisiert und hat seinen Geschmack leicht verändert, er schmeckt etwas herber. Ab diesem Zeitpunkt muss darauf geachtet werden, dass er nicht zu sehr erhitzt und zu dunkel und sehr bitter wird.

CRÈME CARAMEL

- 25 g Kokosfett
- 1 Vanilleschote
- 50 g weißer Zucker
- 200 g Sojajoghurt
- 150 ml Sojasahne
- 120 ml Sojamilch
- 30 g gemahlene Mandeln
- 1/4 TL abgeriebene Zitronenschale
- 1 Prise Salz
- 2/3 Pck. Agar-Agar
- 150 g brauner Zucker
- 50 ml heißes Wasser

1 Das Kokosfett in einem Topf schmelzen.

2 Das Vanillemark mit einem Messer aus der Schote herausschaben und mit der Schote, dem weißen Zucker, Sojajoghurt, Sojasahne, Sojamilch, Mandeln, der Zitronenschale und dem Salz in einen Topf geben. 5 min erhitzen, dann die Vanilleschote wieder herausnehmen.

3 Das Agar-Agar in etwas Wasser auflösen und zur Creme geben, dann 2 min kochen.

4 Den braunen Zucker in einem Topf vorsichtig erhitzen und goldbraun karamellisieren lassen, nach und nach das heiße Wasser zugeben.

5 Den Karamell in kleine Förmchen geben und vorsichtig die Creme darübergießen, alles etwas abkühlen lassen und mindestens 1 Stunde im Kühlschrank aufbewahren.

6 Mit einem scharfen Messer am Rand der Förmchen entlangfahren, dann die Crème auf einen Teller stürzen.

CRÊPETORTE MIT BEEREN

Angeblich war es unter bretonischen Frauen Brauch, beim Einzug in ein neues Haus die erste gebackene Galette oben auf den Schrank zu werfen. Diese Ehrerbietung an die früheren Hausbewohner sollte Schutz und häuslichen Segen bringen. Die Galette war der salzige Vorfahre des heutigen Crêpe und wurde traditionell aus den Resten von Buchweizensuppe hergestellt. In der Bretagne wird noch streng zwischen der aus Buchweizenmehl hergestellten Galette und dem mit Zucker und Weizenmehl zubereiteten Crêpe unterschieden. Daher bildet das Brautpaar aus Buchweizen und Pfannkuchen den Verweis zur Galette und deutet auf den glückbringenden Brauch hin.

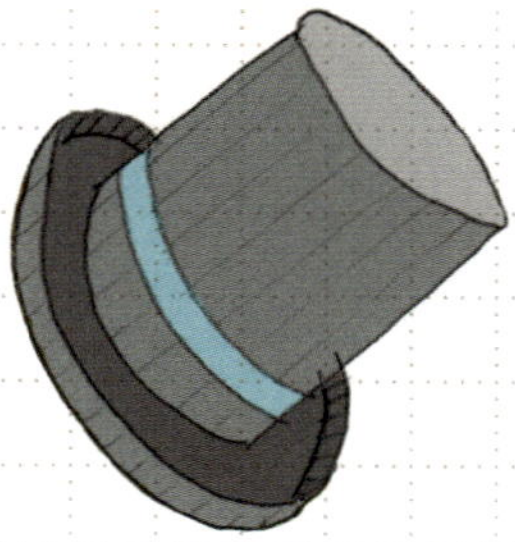

FÜLLUNG

- 600 g gemischte Beeren
- 50 g Kokosfett
- 1 kg Sojajoghurt, abgetropft über Nacht
- 100 ml Sojasahne
- 1 Vanilleschote
- 40 g Zucker
- etwas abgeriebene Zitronenschale
- 1 Prise Zimt
- 1 Pck. Agar-Agar

CRÊPETEIG

- 200 g Mehl
- 2 EL Sojamehl
- 1 TL Stärke
- 50 g Zucker
- 400 ml Sojamilch
- 1 Prise Zimt
- 1 Prise Salz
- 1 TL Backpulver

1 Für den Crêpeteig alle Zutaten bis auf das Backpulver verquirlen. 30 min ruhen lassen. Dann das Backpulver einrühren und nochmals gut aufschlagen. Wenn der Teig sehr eingedickt ist, etwas Wasser zugeben, damit er sich leicht in der Pfanne verteilen lässt. Ungefähr sechs dünne Pfannkuchen backen und diese geschichtet und mit Folie abgedeckt auskühlen lassen.

2 Für die Füllung das Kokosfett im Topf schmelzen. Den abgetropften Sojajoghurt, Sojasahne, das ausgeschabte Vanillemark und die Vanilleschote, Zucker, Zitronenschale und Zimt dazugeben. Alles kurz erhitzen, beiseite stellen und 10 min ziehen lassen. Anschließend die Vanilleschote wieder herausnehmen.

3 Agar-Agar mit etwas heißem Wasser anrühren und zur Vanillemasse in den Topf geben, mindestens 2 min aufkochen, dann abkühlen lassen und im Kühlschrank aufbewahren.

4 Einen Crêpe mit der Vanillecreme bestreichen, einige Beeren darauf verteilen und mit einem weiteren Crêpe abdecken. So weiterverfahren, bis der oberste Crêpe bestrichen und mit den restlichen Beeren dekorativ belegt wurde.

5 Für mindestens 1 Stunde kalt stellen und 15 min vor dem Servieren aus dem Kühlschrank nehmen.

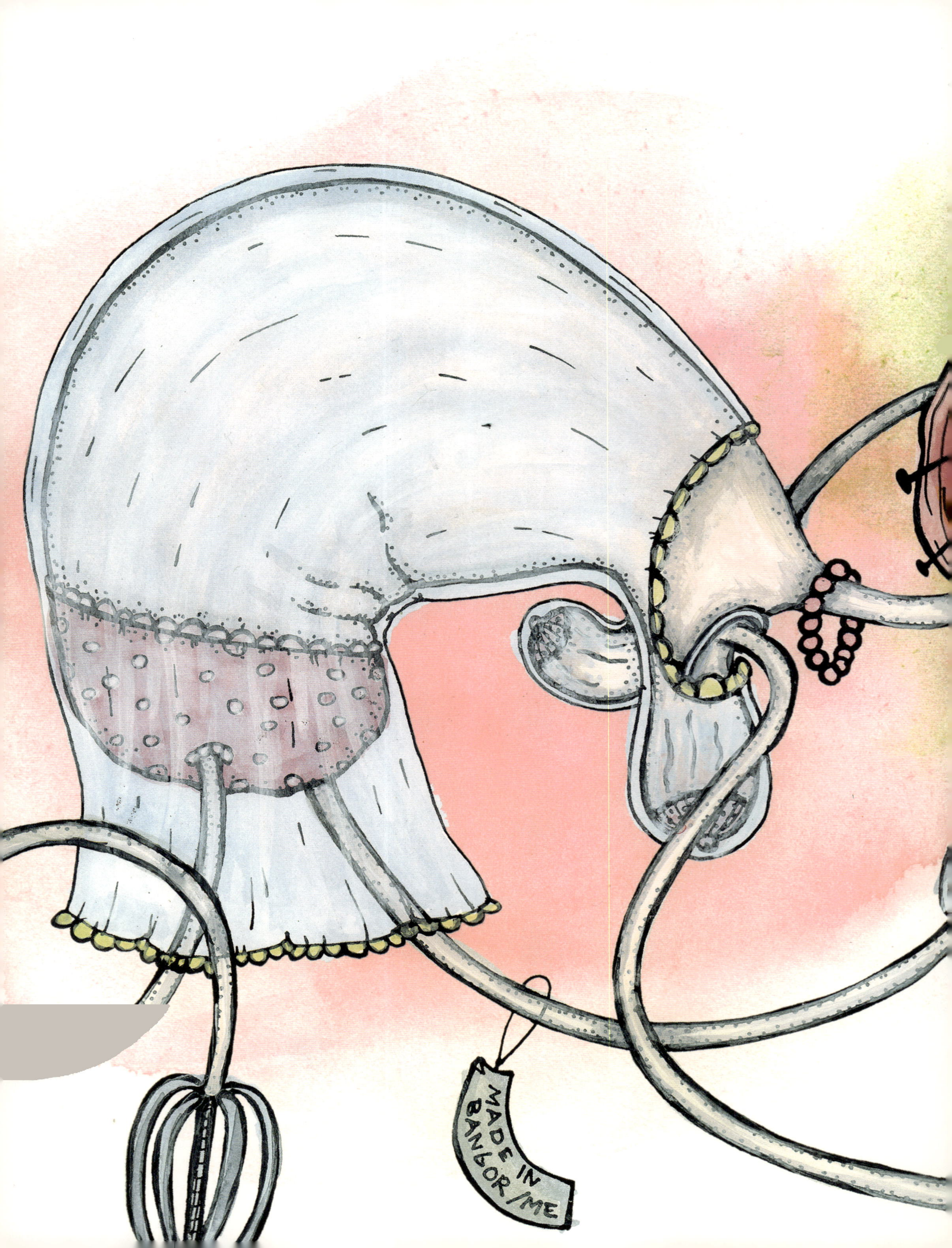
MADE IN
BANGOR/ME

WITH BACKINPOWDE

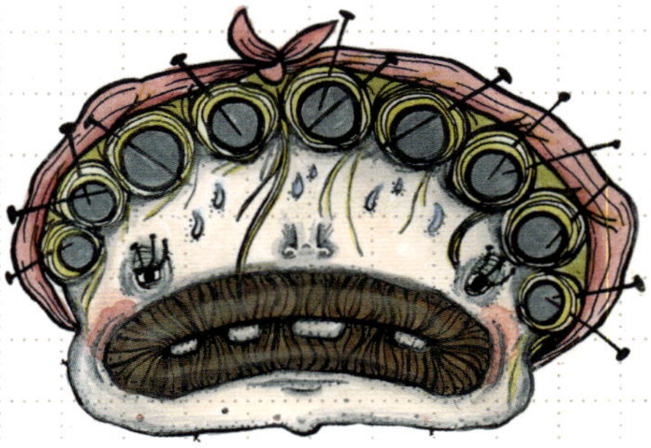

BROWNIES MIT VANILLECREME

Brownies sollen durch einen Fehler in der Zubereitung erfunden worden sein. Einem Kochbuch aus dem Jahre 1906 von Fannie Merritt Farmer ist zu entnehmen, dass eine Hausfrau aus Bangor im US-Staat Maine beim Backen eines Schokokuchens das Backpulver vergessen hatte. Der Kuchen blieb also flach und glich eher einem riesigen Keks. Statt diesen nun wegzuwerfen, zerschnitt sie ihn und so war der Brownie geboren.

TEIG

- 250 g Mehl
- 180 g Zucker
- 40 g rein pflanzliche Margarine
- 280 ml Sojamilch
- 150 g Mandelstifte
- 65 g vegane Schokostreusel
- 20 g Kakao
- 2 TL Backpulver
- 1 Prise Salz
- 80 g Mandelblättchen
- Puderzucker

VANILLECREME

- 300 ml Sojaschlagsahne
- 50 ml Sojamilch
- 2 Pck. Vanillezucker
- 50 g Kokosfett
- 1/2 Pck. Agar-Agar
- 1 Prise Salz

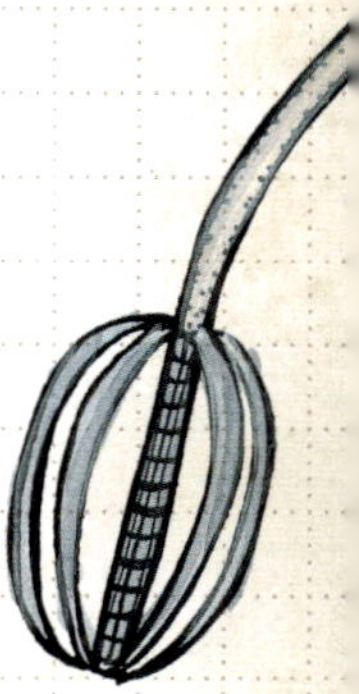

1 Für die Creme die Sojasahne mit dem Vanillezucker aufschlagen. Die Sojamilch zusammen mit dem Kokosfett erhitzen und das Agar-Agar einrühren. 2 min aufkochen.
2 Etwas auskühlen lassen und unter die aufgeschlagene Masse heben, dann kalt stellen.
3 Den Backofen auf 180 °C vorheizen.
4 Für den Teig alle Zutaten bis auf die Mandelblättchen und den Puderzucker verkneten.
5 Die Masse auf einem mit Backpapier ausgelegten Backblech glatt streichen und die Mandelblättchen darüberstreuen. 15–20 min backen. Dann mit dem gesiebten Puderzucker bestreuen und unter dem Grill karamellisieren. Etwas auskühlen lassen und in Rechtecke schneiden.
6 Die Kuchenrechtecke waagerecht durchschneiden, mit einer Spritztülle die Vanillecreme auf die untere Hälfte spritzen, den oberen Teil wieder daraufsetzen und servieren.

ALTERNATIV-CREME, da Sojaschlagsahne oft nicht im Handel, sondern nur über's Internet zu beziehen ist. **125 ml Sojasahne • 200 ml mit Sahnestandmittel aufschlagbare Sojasahne • 75 g Kokosfett • 1 1/2 EL Zucker • 1 Pck. Vanillezucker • 1 TL Zitronensaft • 1 Prise Salz • 2 Pck. Sahnestandmittel • 1 Pck. Agar-Agar** 125 ml Sojasahne mit dem Kokosfett im Topf erhitzen. Zucker, Vanillezucker und Salz zugeben. Agar-Agar zugeben und 2 min unter ständigem Rühren aufkochen. Den Zitronensaft hinzufügen und alles mit dem Handmixer kräftig aufschlagen. Zum Auskühlen vom Herd nehmen. Die 200 ml aufschlagbare Sahne in einem hohen Gefäß mit dem Sahnestandmittel etwa 5 min lang steif schlagen und vorsichtig unter die leicht ausgekühlte Creme geben. Alles gut vermengen und im Kühlschrank aufbewahren.

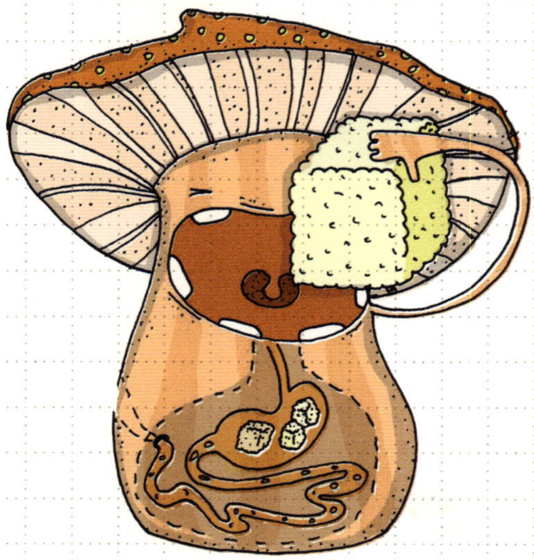

DAMPFNUDELAUFLAUF MIT ÄPFELN

Die Hefe wird den Pilzen zugerechnet, genauer gesagt den Schlauchpilzen. Wenn Hefe in Gebäck verwendet wird, bekommt es eine luftige Struktur. Das rührt daher, dass der Hefepilz die Stärkeketten aufspaltet und die Zuckermoleküle vergären. Dabei entstehen pro Zuckermolekül zwei Moleküle Kohlendioxid, die als Bläschen nach und nach das Volumen des Teiges vergrößern, was landläufig als „aufgehen" bezeichnet wird.

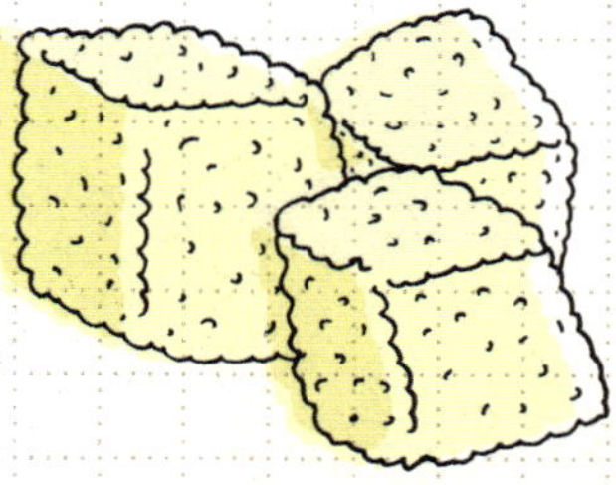

DAMPFNUDEL

- 500 ml Sojamilch
- 500 g Mehl
- 100 g rein pflanzliche Margarine
- 5 EL Zucker
- 2 Pck. Vanillezucker
- 1 Prise Salz
- 1 Pck. Trockenhefe
- 4 säuerliche Äpfel
- Saft von 1 Zitrone
- 150 g gemahlene Mandeln

VANILLESAUCE

- 250 ml Sojasahne
- 100 ml Sojamilch
- 1 Vanilleschote
- 3 EL Zucker
- 1 Prise Zimt

1 Für die Sauce Sojasahne und Sojamilch in einem Topf erhitzen. Das Vanillemark herausschaben und mit der Schote in die Milch geben. Zucker und Zimt zugeben. 10 min bei geringer Hitze ziehen lassen. Dann im geschlossenen Topf auskühlen lassen. Danach die Schote entfernen.

2 Inzwischen für den Teig 250 ml Sojamilch leicht erhitzen. Mit Mehl, Margarine, 2 EL Zucker, einer Packung Vanillezucker, Salz und der Hefe gut verkneten. An einem warmen Ort etwa 1 Stunde gehen lassen.

3 In der Zwischenzeit die Äpfel schälen und in Würfel schneiden, mit Zitronensaft beträufeln. 2 EL der Mandeln aufbewahren, den Rest mit 1 EL Zucker und der zweiten Packung Vanillezucker zu den Äpfeln geben.

4 Den Backofen auf 140 °C vorheizen. Die Obstmasse in eine gefettete Auflaufform geben. Die restliche Sojamilch mit 2 EL Zucker mischen und über das Obst gießen. Den Teig nach der Ruhezeit in groben Stücken darüberzupfen und die Form mit Alufolie abdecken.

5 Den Dampfnudelauflauf 20 min im Ofen backen.

6 Den Auflauf in quadratische Stücke schneiden und auf die Teller verteilen, mit Vanillesauce übergießen und gleichmäßig mit den restlichen Mandeln bestreuen.

776 v. Chr.

KÄSEKUCHEN

Eine ursprüngliche Form des heutigen Käsekuchens soll sich schon bei den Griechen der Antike großer Beliebtheit erfreut haben. Bei den Olympischen Spielen 776 v. Chr. wurde den Sportlern Käsekuchen als schneller Energielieferant gereicht. Dieser wurde aus in Milch eingeweichtem Käse, Weizenmehl und Honig hergestellt.

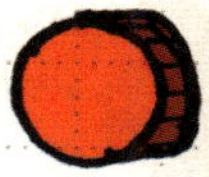

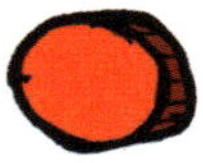

TEIG

- 200 g Mehl
- 80 g Zucker
- 80 g rein pflanzliche Margarine
- 50 ml Sojamilch
- 1/3 Pck. Backpulver
- 2 EL Sojamehl
- 1 Prise Salz

FÜLLUNG

- 1 kg Sojajoghurt, abgetropft über Nacht
- 1 kleine Vanilleschote
- 2 EL Sojamehl
- 3 EL Zucker
- 1 TL abgeriebene Zitronenschale
- 1/3 Pck. Agar-Agar
- 1/4 TL Backpulver

1 Den Sojajoghurt in ein Küchentuch geben und in einen Messbecher oder ein anderes hohes Gefäß hängen, es sollten mehrere Zentimeter unter dem Tuch frei bleiben. Über Nacht abtropfen lassen.

2 Den Backofen auf 170 °C vorheizen. Alle Zutaten für den Teig einige Minuten gut verkneten und beiseite stellen.

3 Den abgetropften Joghurt in einem Topf erhitzen, das ausgeschabte Vanillemark und die Schote in den Topf geben. Sojamehl, Zucker und Zitronenschale zufügen, kurz aufkochen und 10 min mit geschlossenem Deckel ziehen lassen. Anschließend die Schote herausnehmen.

4 Agar-Agar in etwas Wasser auflösen und zum Joghurt geben, 2 min kochen lassen und vom Herd nehmen.

5 Den Teig ausrollen und in eine Springform geben, dabei einen etwa 3 cm hohen Rand stehen lassen.

6 Das Backpulver zur Füllung geben und diese in die Form gießen. Den Kuchen 50–60 min im Ofen backen. Danach die Oberfläche 5 min unter dem Grill bräunen.

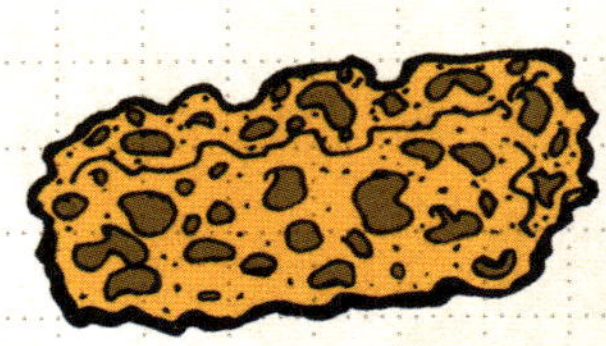

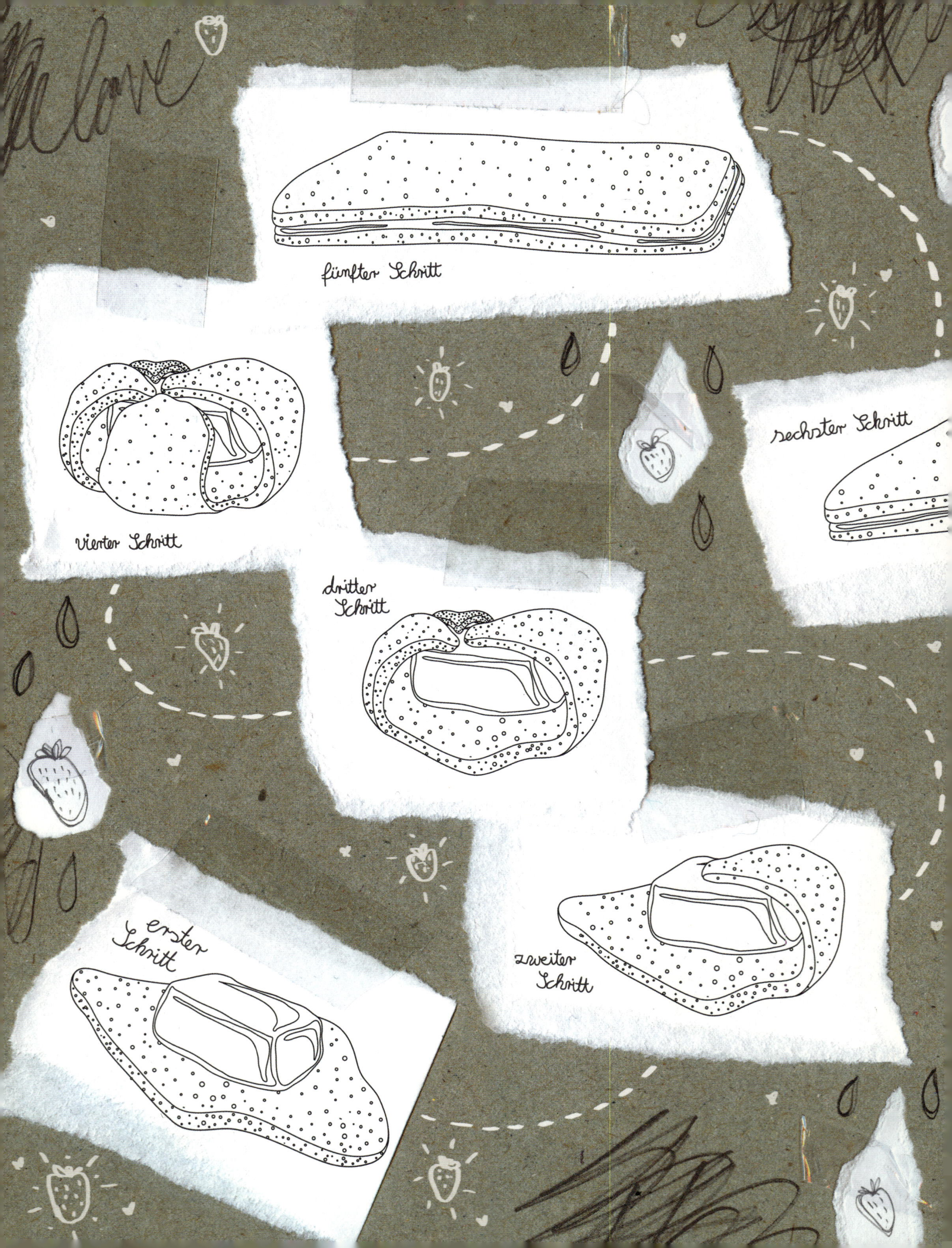
fünfter Schritt
vierter Schritt
sechster Schritt
dritter Schritt
erster Schritt
zweiter Schritt

achter Schritt
siebter Schritt
strawberry
love strawberry

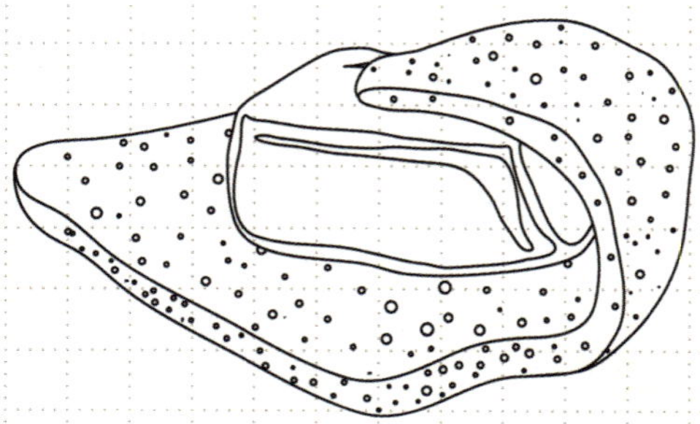

MILLE FEUILLE VON ERDBEEREN

Der französische Begriff Mille Feuille bedeutet „tausend Schichten" und gemeint ist ein Gebäck aus Blätterteig. Damit dieser die unzähligen Lagen bekommt, wird Butter oder pflanzliches Fett speziell in den Teig eingearbeitet, tourieren genannt. Zuerst wird das Fett in den Teig gewickelt und dann ausgerollt. So entsteht eine dreilagige Schicht, die in der Mitte aus Butter besteht. Diese wird dann beim einfachen Tourieren dreifach, beim doppelten vierfach gefaltet und wieder ausgerollt. Durch wiederholtes Falten entstehen so nach und nach die vielen Schichten, die den Blätterteig auszeichnen.

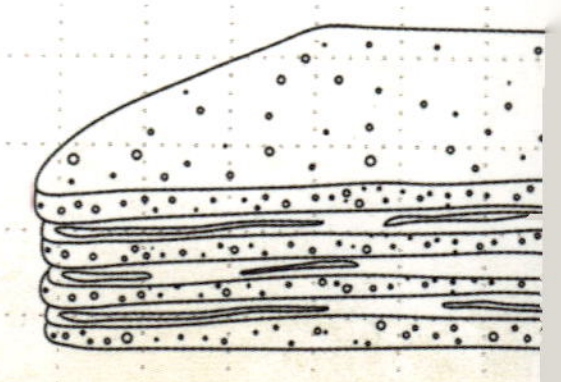

strawberry

ZUTATEN

- **750 g Erdbeeren**
- **1 kg Sojajoghurt, abgetropft über Nacht**
- **2 Vanilleschoten**
- **8 EL Zucker**
- **Saft von 1/2 Zitrone**
- **1/2 Pck. Agar-Agar**
- **1 Rolle Blätterteig**
- **Puderzucker**

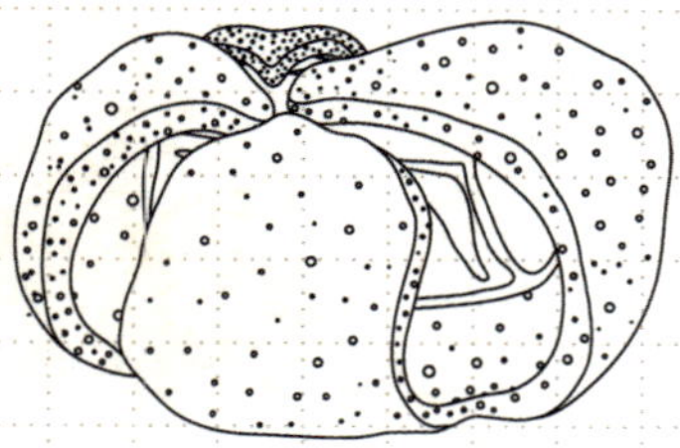

1 Den Sojajoghurt über Nacht in einem Tuch, in einen Messbecher gehängt, im Kühlschrank abtropfen lassen.

2 Den Joghurt in einen Topf geben. Das Vanillemark herausschaben und mit den Schoten dazugeben. Kurz aufkochen, dann auskühlen lassen und die Schoten entfernen.

3 5 EL Zucker, 1 EL Zitronensaft und das Agar-Agar-Pulver einrühren, mindestens 2 min kochen lassen. Anschließend abkühlen lassen und kalt stellen.

4 Den Backofen auf 180 °C vorheizen. Den Blätterteig ausrollen, bis er nur noch halb so dick ist, dann auf ein Backblech mit Backpapier legen. Ein zweites Blech bündig daraufsetzen. 15 min backen, dann das obere Blech entfernen. Den Teig reichlich mit gesiebtem Puderzucker bestreuen und unter dem Grill einige Minuten glänzend karamellisieren. 600 g der Erdbeeren putzen und vierteln.

5 Den Teig in zwölf gleich große Rechtecke schneiden. Vier Rechtecke mit etwas Vanillecreme bestreichen und einige Erdbeerviertel darauflegen, mit etwas Zucker bestreuen. Weitere vier Rechtecke daraufgeben, wieder mit Creme bestreichen, mit Beeren belegen und zuckern. Die letzte Schicht Blätterteig darauflegen und mit Vanillecreme bestreichen. Drei Erdbeeren putzen, in dünne Scheiben schneiden und jeweils auf die Cremeschicht legen.

6 Die restlichen Erdbeeren im Mixer grob hacken und mit Zucker und Zitronensaft abschmecken. Die Mille Feuilles auf den Tellern anrichten und mit der Erdbeersauce servieren.

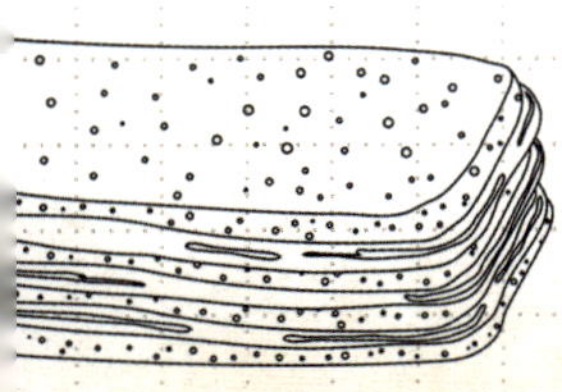

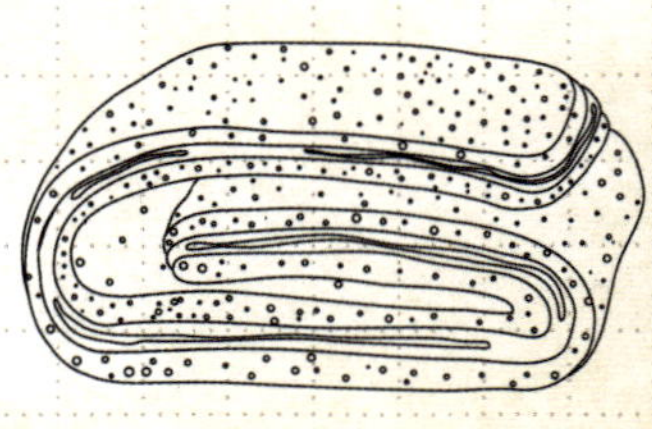

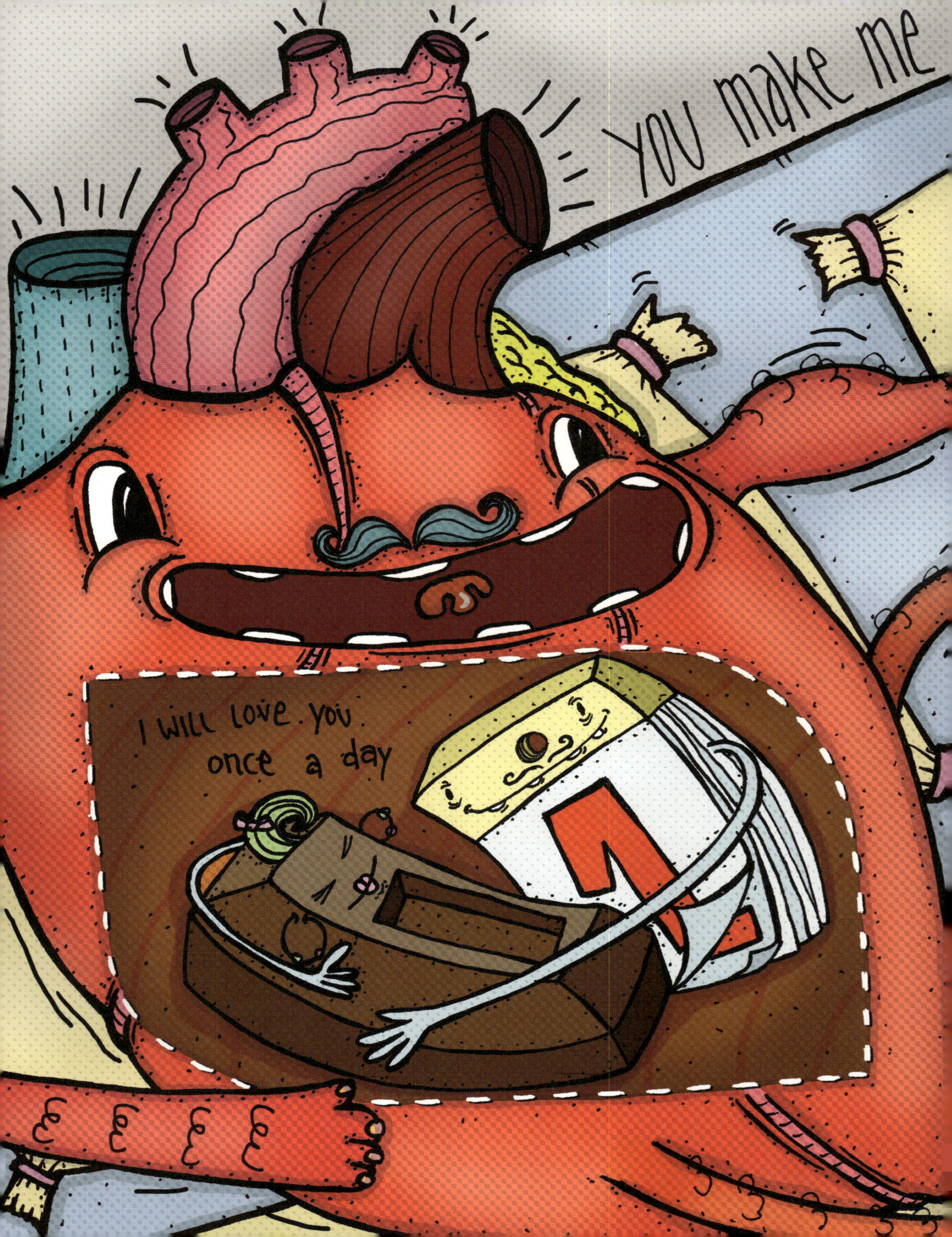
you make me
I will love you
once a day

feel like dancing...

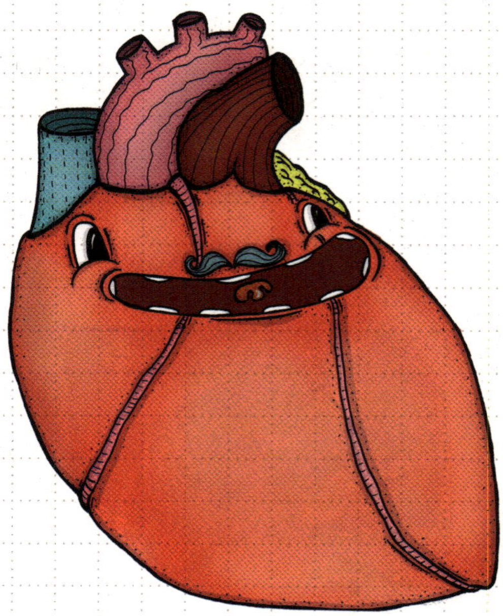

MOUSSE AU CHOCOLAT

Ein Stück Zartbitterschokolade pro Tag soll eine positive Wirkung auf das Herz haben. Denn der Farbstoff der Kakaobohne enthält besonders viele Flavonoide, denen eine gefäßerweiternde Wirkung nachgesagt wird. Sie sollen die Krebsbildung hemmen, blutverdünnend wirken und sogar hohen Blutdruck senken.

You make me

ZUTATEN

- 400 ml mit Sahnestandmittel aufschlagbare Sojasahne
- 250 ml Sojasahne
- 25 g Kokosfett
- 3 EL Zucker
- 3 Pck. Sahnestandmittel
- 1/2 TL abgeriebene Zitronenschale
- 2 Pck. Agar-Agar
- 8 EL Zartbitter-Schokoaufstrich
- 50 g Zartbitter-Kuvertüre

1 400 ml Sojasahne mit dem Zucker, Sahnestandmittel und der Zitronenschale mischen, etwa 5 min mit dem Handmixer auf hoher Stufe schaumig schlagen.
2 Die 250 ml Sojasahne mit dem Kokosfett erhitzen und das Agar-Agar-Pulver unterrühren. 2 min kochen lassen.
3 Den Schokoaufstrich nach und nach dazugeben und alles mit dem Handmixer kräftig aufschlagen.
4 Die Masse leicht abkühlen lassen und vorsichtig die geschlagene Sahne unterheben.
5 Die Schokoladenmasse in Dessertgläser füllen und mindestens 1 Stunde im Kühlschrank kalt stellen.
6 Die Kuvertüre im Wasserbad erhitzen und mit einem Löffel sechs Schokogitter (zwei als Ersatz wegen der hohen Bruchgefahr) auf ein Backpapier tröpfeln. Die Gitter bis zum Servieren ebenfalls im Kühlschrank aufbewahren.
7 Die Gitter in die Mousse stecken und sofort servieren.

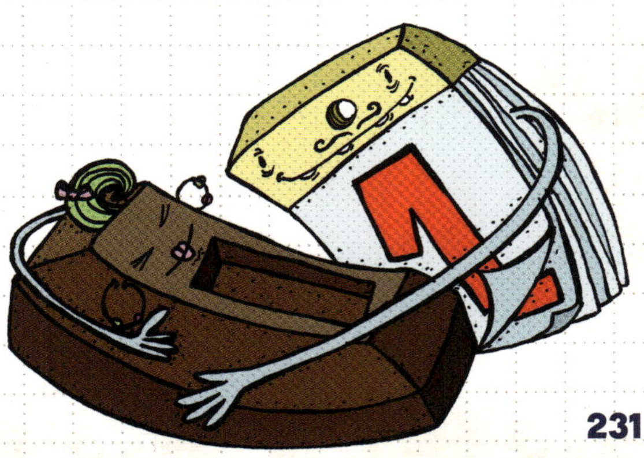

OhNE SCHALE
bIN ICH hARMLOS
OXALSÄURE
I LOVE ZAHnSC

ungenießbar
bin ich
nur roh
und nierensteine
hmelz

RHABARBER-CRANBERRY-STRUDEL
MIT VANILLECREME

Rhabarber enthält Oxalsäure. Diese ist vor allem in den Blättern und in der Schale vorhanden. Sie kann zu Erkrankungen des Magen-Darm-Traktes führen und Nierensteine fördern. Wird Rhabarber geschält und gekocht, ist der Gehalt an Säure deutlich geringer und unbedenklich. Sie greift trotzdem leicht den Zahnschmelz an. Zu bemerken ist dies am pelzigen Gefühl auf den Zähnen. Daher sollte mindestens eine halbe Stunde gewartet werden, bevor nach dem Rhabarberverzehr die Zahnbürste zum Einsatz kommt.

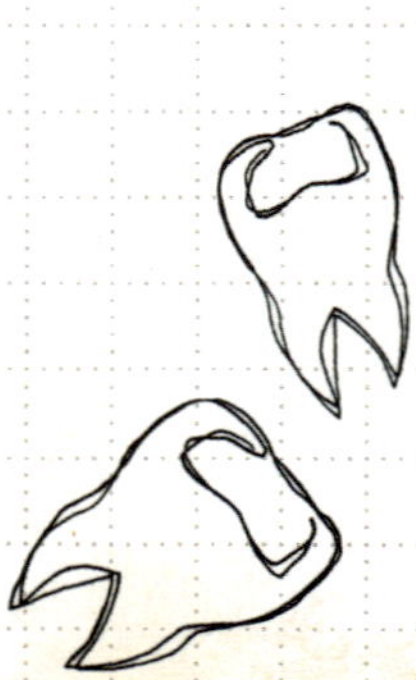

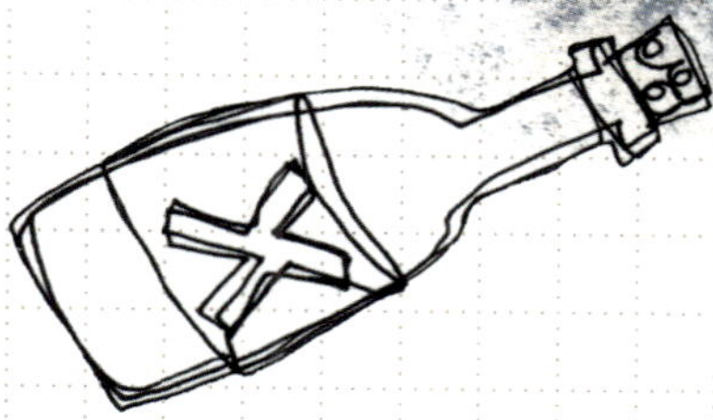

ZUTATEN

- **1 Rolle Blätterteig**
- **500 g Rhabarber**
- **100 g Cranberries**
- **300 ml Sojaschlagsahne**
- **1 Vanilleschote**
- **70 g Zucker**
- **125 g Sojajoghurt**
- **1 Pck. Vanillezucker**
- **etwas abgeriebene Zitronenschale**
- **Puderzucker**

1 Das Vanillemark aus der Schote herausschaben und mit der Sojasahne mischen. Die ausgeschabte Schote und 20 g Zucker dazugeben und in einem Topf bei geringer Hitze 5 min ziehen lassen. Dann kalt stellen.

2 Den Rhabarber sorgfältig schälen und schräg in 3 cm lange Stücke schneiden. Mit den Cranberries in eine Schüssel geben und den restlichen Zucker untermischen.

3 Den Sojajoghurt mit Vanillezucker und Zitronenschale vermengen und beiseite stellen.

4 Den Backofen auf 180 °C vorheizen. Den Blätterteig in Quadrate schneiden und je einen Klecks der Joghurtmasse daraufgeben. Den Rhabarber und die Cranberries daraufschichten.

5 Die Teigränder über der Füllung zusammenziehen und an den Enden gut andrücken. Die Mitte sollte leicht geöffnet bleiben.

6 Die Strudel auf einem Backblech im Ofen etwa 20 min goldbraun backen.

7 Währenddessen die Vanilleschote aus der gut gekühlten Vanillecreme entfernen und diese einige Minuten kräftig schlagen, bis sie steif ist.

8 Anschließend das Backblech aus dem Ofen nehmen und die Strudel mit Puderzucker bestauben, für einige Minuten unter dem Grill karamellisieren. Darauf achten, dass der Zucker nicht dunkel wird, da er sonst bitter schmeckt. Etwas auskühlen lassen und mit der Vanillecreme anrichten.

ALTERNATIV-SAHNE, da Sojaschlagsahne oft nicht im Handel, sondern nur über's Internet zu beziehen ist. **400 ml mit Standmittel aufschlagbare Sojasahne • 2 Pck. Sahnestandmittel** Die Sahne etwa 5 min auf höchster Stufe unter Zugabe des Standmittels aufschlagen.

MOKKACREMETORTE

Mokka war ursprünglich eine eigene Kaffeesorte mit kleiner Bohne, die einen hohen Säuregehalt hat. Heute wird jedoch meist die Zubereitungsart des Kaffees gemeint. Der türkische Mokka wird traditionell mit Rosenwasser gekocht und stark gesüßt getrunken. Arabischer Mokka hingegen wird mit Gewürzen wie Kardamom, Zimt und Nelken angereichert und ohne Zuckerzusatz schwarz getrunken.

BISKUITTEIG

- 225 g Mehl
- 4 TL Backpulver
- 175 g Zucker
- 250 ml Sojamilch
- 40 g rein pflanzliche Margarine
- 3 EL Kakao
- 2 EL Kartoffelstärke
- 2 EL gemahlene Mandeln

CREME

- 300 ml Sojaschlagsahne
- 200 ml Sojamilch
- 75 g Kokosfett
- 100 ml starker Kaffee
- 75 g gemahlene Mandeln
- 2 EL Zucker
- 1 Kardamomkapsel
- 1 Pck. Agar-Agar

1 Für die Creme die Sojaschlagsahne etwa 5 min gut aufschlagen und kalt stellen.
2 Die Sojamilch aufkochen, das Kokosfett darin schmelzen. Kaffee, 50 g Mandeln, Zucker und Kardamom zufügen.
3 Das Agar-Agar-Pulver nach und nach einrühren und 2 min kochen lassen. Etwas auskühlen lassen.
4 Die Mischung langsam unter die geschlagene Sojasahne heben und anschließend in den Kühlschrank stellen.
5 Den Backofen auf 180 °C vorheizen und eine Springform mit 28 cm Durchmesser sorgfältig fetten.
6 Alle Zutaten für den Teig vermengen und etwa 5 min mit dem Handmixer zu einem luftigen Teig verarbeiten. In die gefettete Form geben und 20–25 min backen. Mit einem Zahnstocher prüfen, ob der Biskuit innen schon gar ist, andernfalls noch etwas weiterbacken.
7 Den Teig auf einem Gitter auskühlen lassen, dann mithilfe eines Nylonfadens in zwei Böden teilen.
8 Den ersten Boden mit einem Tortenring umschließen und die Hälfte der Kaffeesahne daraufstreichen.
9 Den zweiten Boden vorsichtig darauflegen und wieder mit der Creme bedecken, etwas Sahne für die Dekoration beiseite stellen. Die restliche Sahne in einen Spritzbeutel füllen und die Torte mit Rosetten dekorieren. Zum Schluss die Torte mit den restlichen Mandeln bestreuen.

ALTERNATIV-CREME, da Sojaschlagsahne oft nicht im Handel, sondern nur über's Internet zu beziehen ist. **400 ml mit Sahnestandmittel aufschlagbare Sojasahne • 4 Pck. Sahnestandmittel • 150 g Kokosfett • 150 ml Sojasahne • 100 ml starker Kaffee • 50 g gemahlene Mandeln • 3 EL Zucker • 2 Pck. Vanillezucker • 1 Kardamomkapsel • 1 Prise Salz • 2 Pck. Agar-Agar • 2 TL Zitronensaft** Das Kokosfett mit 150 ml Sojasahne und dem Kaffee im Topf erhitzen. Zucker, Vanillezucker, Kardamom und Salz zugeben und 10 min mit geschlossenem Deckel ziehen lassen. Kardamom herausnehmen und das Agar-Agar zugeben, 2 min unter ständigem Rühren aufkochen. Die Mandeln und den Zitronensaft hinzufügen und alles mit dem Handmixer aufschlagen. Zum Auskühlen vom Herd nehmen. Die 400 ml aufschlagbare Sahne in einem hohen Gefäß mit dem Sahnestandmittel etwa 5 min lang steif schlagen und unter die lauwarme Creme geben. Anschließend kalt stellen.

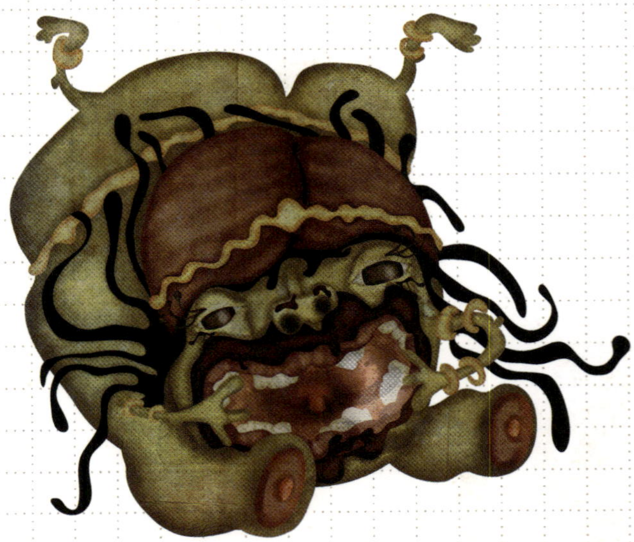

SCHWARZWÄLDER-KIRSCH-MUFFINS

„Im Schwarzwald" heißt ein Buch von Gudrun Mangold, ein historisch-kultureller Streifzug durch den Schwarzwald. Hier wird auch eine abenteuerliche Geschichte zur Herkunft der Schwarzwälder Kirschtorte zitiert. Der Legende nach soll diese Torte vom Eunuchen des kaiserlichen Harems in Persien erfunden worden sein, um die dortigen Haremsdamen zur schnellen Gewichtszunahme zu bringen. Denn zu dieser Zeit entsprachen Frauen mit großer Leibesfülle dem begehrten Schönheitsideal.

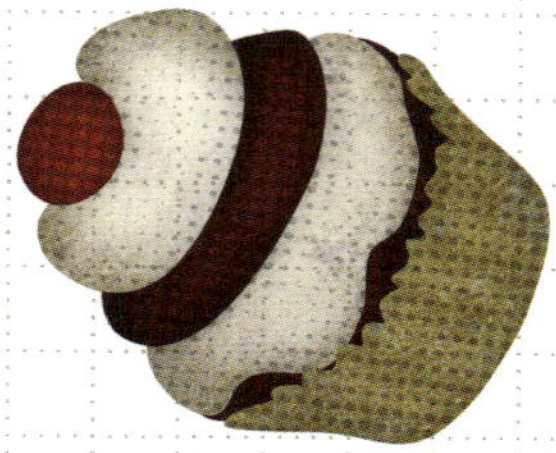

MUFFINS

- 225 g Mehl
- 4 TL Backpulver
- 175 g Zucker
- 250 ml Sojamilch
- 40 g rein pflanzliche Margarine
- 3 EL Kakao
- 2 EL Kartoffelstärke
- 2 Gläser Sauerkirschen

CREME

- 100 g Kokosfett
- 100 ml Sojamilch
- 2 Pck. Vanillezucker
- 1/2 TL abgeriebene Zitronenschale
- 1 Pck. Agar-Agar
- 600 ml aufschlagbare Sojasahne

1 Für die Creme das Kokosfett und die Sojamilch gemeinsam erhitzen, Vanillezucker und Zitronenschale zugeben. Das Agar-Agar-Pulver einrühren und mindestens 2 min lang kochen, dann etwas abkühlen lassen.

2 Den Backofen auf 180 °C vorheizen. Die Sojasahne etwa 5 min aufschlagen und die lauwarme Sojamilch-Kokosfett-Mischung unterrühren. Die Creme kalt stellen.

3 Für den Teig alle Zutaten bis auf die Sauerkirschen verrühren und ein paar Minuten luftig aufschlagen. Die Muffinform einfetten und den Teig in die Mulden füllen. Diese sollten etwa nur zu zwei Drittel gefüllt sein, da der Teig stark aufgeht. Dann 15–20 min backen.

4 Währenddessen die Kirschen aus dem Glas abtropfen lassen und vorsichtig etwas ausdrücken.

5 Die Muffins auskühlen lassen, dann waagerecht halbieren. Den unteren Teil mit einem Löffel leicht aushöhlen.

6 In diese Mulde einige Kirschen drücken und mit einer Spritztülle die Creme daraufgeben. Den Muffin-Deckel daraufsetzen und ebenfalls mit Creme verzieren. Zum Abschluss eine Kirsche aufsetzen.

ALTERNATIV-CREME, da Sojaschlagsahne oft nicht im Handel, sondern nur über's Internet zu beziehen ist. **400 ml mit Sahnestandmittel aufschlagbare Sojasahne • 4 Pck. Sahnestandmittel • 250 ml Sojasahne • 150 g Kokosfett • 3 EL Zucker • 2 Pck. Vanillezucker • 1 Prise Salz • 2 Pck. Agar-Agar • 2 TL Zitronensaft** 250 ml Sojasahne mit dem Kokosfett im Topf erhitzen. Zucker, Vanillezucker und Salz zugeben. Agar-Agar zugeben und 2 min unter ständigem Rühren aufkochen. Den Zitronensaft hinzufügen und alles mit dem Handmixer kräftig aufschlagen. Zum Auskühlen vom Herd nehmen. Die 400 ml aufschlagbare Sahne in einem hohen Gefäß mit dem Sahnestandmittel etwa 5 min lang steif schlagen und vorsichtig unter die leicht ausgekühlte Creme geben. Alles gut vermengen und kalt stellen.

ahhhh

TARTE TATIN AU CITRON

Die Tarte Tatin wurde angeblich aus Versehen im Jahr 1898 von den namengebenden Schwestern Tatin aus Lamotte-Beuvron bei Orléans in Frankreich erfunden. Es gibt zwei Versionen der Geschichte. In der ersten schob entweder Stéphanie oder Caroline eines Tages, schwer in Gedanken, eine Backform nur mit Äpfeln, ohne Teig, in den Ofen. Als sie ihr Missgeschick bemerkte, soll sie nachträglich einen Boden gebacken, ihn auf die Äpfel gelegt und den Kuchen dann gestürzt haben. In der zweiten Version stolperte eine der Schwestern mit dem Apfelkuchen, sodass der Boden Schaden nahm, die Apfelschicht aber heil war. Da backte sie schnell einen neuen Teig und legte ihn auf das Obst.

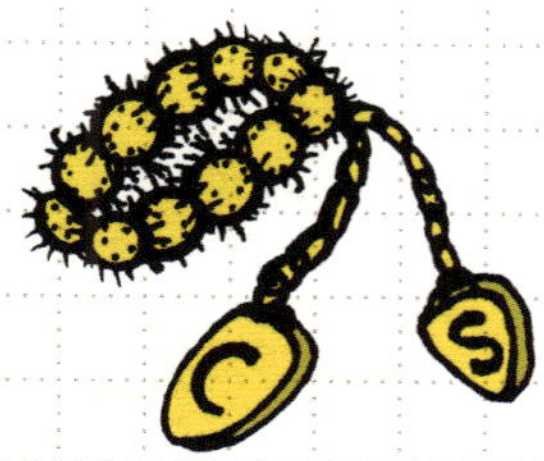

ZUTATEN

- **2 große Bio-Zitronen**
- **7 EL Zucker**
- **70 ml heißes Wasser**
- **5 EL Sojasahne**
- **1 Rolle Blätterteig**

1 Eine Zitrone schälen und in Scheiben schneiden. Die zweite Zitrone mit der Schale in feine Scheiben schneiden und alle Kerne entfernen.

2 6 EL Zucker in einer Pfanne vorsichtig karamellisieren und nach und nach das heiße Wasser untermengen.

3 Die Zitronenscheiben hineingeben und darin wenden.

4 Den Boden einer Springform mit Backpapier auslegen und alle Zitronenscheiben gleichmäßig darauf verteilen. Mit dem restlichen Zucker bestreuen, den Zuckersirup aus der Pfanne darübergeben. Die Sahne daraufgießen.

5 Den Backofen auf 180 °C vorheizen. Den Blätterteig rund im Durchmesser der Springform ausschneiden. Den übrigen Teig zu einem langen Strang formen und diesen als Rand in die Form drücken. Anschließend den ausgeschnittenen Boden darüberlegen und leicht andrücken.

6 Die Tarte im Backofen 25–35 min backen, dann herausnehmen und den aufgegangenen Boden wieder leicht andrücken, solange der Kuchen noch warm ist.

7 Etwas auskühlen lassen und lauwarm stürzen, dann das Backpapier von der Tarte lösen.

hier

hihihi
gibts nix zu sehen ...

REZEPTE

Danke an:

Jan Bazing

Prof. Niklaus Troxler

Herr & Frau Kopassner

f****n amorééé

Karl

meine Freundinnen

Frau Panda x-Karo Fräulein Wunder

Wurst-Bier-Laser

Harmonie-Hanni speziell Busenkumpel

äffchen + affenmann

Möhre Lintl

überhaupt an den Patchwork-haufen

best family ever!

„engagementine" Schwabbauer

Cafe Stella + dem kollegialen inhalt

„Super Jo" aka Jo Löhmann Martin Lutz

Tekle Ghebre Wolfgang Weinmann

Katja „hart aber herzlich" Liebig

– alle Bärte dieser Welt am liebsten mit Ohren –

--- ich verrenke mir so gern den hals ---

ENDE

Die Katze Schnurrt...

danke